西藏社科院专家文库

西藏宗教实践与理论探索

次仁加布 著

西藏藏文古籍出版社

编纂出版说明

在人类文明进程中，哲学社会科学已经发挥和正在发挥各种巨大功能——认识功能、导向功能、决策功能以及其特殊的经济功能。从这个意义上讲，哲学社会科学的状况和水平在一定程度上体现着一个国家综合国力的状况和水平，体现着一个民族整体素质和文明程度的状况和水平。

2004 年，中共中央颁布的 3 号文件给了全国地方社科院一个准确的定位。文件明确指出，要“使社会科学界成为党和政府的工作的‘思想库’、‘智囊团’”，文件还明确规定：“地方社会科学研究机构应主要围绕本地区经济社会发展的实际开展应用对策研究，有条件的可开展有地方特色和区域优势的基础理论研究”。这实际上规定了地方社科院应该是地方党委、政府的“思想库”和“智囊团”的本质属性与本质要求。地方社科院的工作由此定位，并有了明确的方向和目标任务。

根据中央和西藏自治区党委、政府关于进一步繁荣发展哲学社会科学的意见与要求，我院对新时期西藏哲学社会科学和藏学研究工作的定位形成共识，即“高举旗帜，维护稳定，促进发展，人才兴院，成果为先，改革创新”，当好自治区党委和政府的“思想库”和“服务部”。

为了更好地当好区党委和政府的“思想库”和“服务部”，西藏社会科学院认真总结建院二十多年来的研究成绩与经验，进一步整合研究力量，营造良好的学术氛围，提高学术品位，提升学术水平，打造学术品牌，培养学术名家，充分发挥哲学社会科学认识世界、传承文明、创新理论、咨政育人、服务社会的作用与功能，不断将科研工作上新台阶。为了让区内外、国内外学者比较全面系统地了解西藏社会科学院，了解西藏哲学社会科学和藏学研究情况，从 2008 年起，我们编纂出版《西藏自治区社会科学院专家文库》。编辑出版专家文库，体现西藏社科院专家学术研究成果的精华，同时展现出西藏社科院各学科建设所达到的前沿水准。从培养学术团队的角度看，一是可以起到促进我院哲学社会科学各学科学术带头人成长的作用，二是可以起到一种不间断的研究积累作用，三还是一种重要的宣传摛御舻秀秆手段，很有意义。希望得到院内科研人员和社会各界人士更多关注、更多支持、更多指导，共同推进西藏哲学社会科学和藏学研究事业的繁荣与发展。切实发挥出为自治区党委和政府当好“思想库”和“服务部”的作用。

《西藏社会科学院专家文库》编委会

序

孙勇

在西藏,社科领域研究的许多课题直接与“维护祖国统一、反对民族分裂、建设和谐社会”有着密切的联系。社科研究人员无论主观意识如何,对这个问题都不可能不考虑,在其研究的课题中或多的或少要体现出来的。近年来。西藏社科研究的课题很多,涉及的领域不少,一些研究成果显示出不同论题你中有我,我中有你的情形,例如,研究民族问题,就要涉及宗教问题;研究历史问题,又往往要与现实挂钩。因此,不少的著述反映的观点,得出的结论,会影响到意识形态的导向,影响到现实的思想教育,乃至于相关部门的具体决策当中,所以,哲学社会科学包括藏学的许多命题,不是单纯的学术问题。从这个意义上讲,社科人员研究西藏问题的著述,要经得起实践的检验,要经得起社会效果的检验,同时对社科人员来说也要经得起学术方法的检验。从这个综合的角度来看,在数年当中,一个科研人员要出好成果,出学术精品是不容易的事情。

前不久,西藏社科院宗教研究所所长次仁加布研究员将他的论文集书稿送给我看,我在详细阅读以后,欣喜地感到了集子的质量和分量,尽管这部书稿仅是一本论文集,但里面的一些文章可以称之为精品,也就是说这些文章能够将学术研究和现实研究结合起来，能够将历史研究与其他的一些综合研究结合起来，特别是在对西藏宗教理论和实践问题的探讨——这个最贴近现实的领域中，我看到了历史唯物主义和辩证唯物主义为指导的，以现代理论和方法研究为载体的研究成果。我个人认为，这对我们从事社科领域包括藏学研究的人员，怎样从西藏研究中那些就事论事、罗列材料、手法陈旧、没有创新，难于适应时代发展要求的诸多弊端当中摆脱出来，有着很好地学习和借鉴意义。

次仁加布同志多年来主攻宗教研究，如果没有一个正确的指导思想，没有比较先进的方法与方法论，要想取得一系列新的成果是不可能的。在他的论文集子里面，所涉及的方面比较广，既有藏传佛教历史作用方面的论文，也有党的宗教政策在西藏如何贯彻执行的探讨，还有具体的寺庙存在的问题及其对策，更有马克思主义的无神论所倡导的宗教观的解读。对于读者来说，从这些论文当中，我们能看到新时代的民族知识分子对那么多问题的关心，对那么多问题的探讨，对那么多问题的基本立场、观点，我个人认为这是难能可贵的。“业勤于精而荒于嬉”，如果没有多年的刻苦学习，勤于思考，下大工夫去调查研究，勤奋写作，次仁加布同志在主持行政管理工作，连续合作做大型课题的情况下，还要写出一系列论文，几乎是不可能的。

这本论文集有几个特点：

第一，思想方法上。次仁加布同志的论文集首先坚持了以正确的思想为指导，在对西藏历史、宗教、民族等传统文化问题上以马克思主义的学术思想观念为指导，研究问题，分析问题；其次采用了过去一些研究人员在这些问题上不太注意的一些研究方法，同时遵守了学术的研究路径，使多数论文有理有据、层次清楚、有较强的说服力，体现出学术价值和资政价值。

第二，在课题处理上的新颖性。次仁加布的论文多数与自身业务有关，与单位的一些课题有关。我们的一些研究人员通常在做课题的时候，不太考虑采用什么样的学术方法，而是直奔主题，找到课题的主题之后直接以意见或建议的形式出现。而次仁加布同志以学者的素养，在处理课题的时候，首先想到的是怎样反映一个问题的全貌，怎样反映问题的关键所在，怎样结合实际予以阐述，将课题的方方面面结合在论文里面体现出来。我们通过阅读，可以知道这些问题的根源，产生的依据，最终解决的方法。细读次仁加布同志的一些论文，我个人感到既适合于专门的研究人员从学术上探讨问题，也适合我们一些进行决策研究的同志阅读，同时也对从事具体工作的同志了解、认识这些问题有所帮助。

第三，在使用资料上的严谨。尽管集子里所收的都是论文，但在引用资料上，特别是资料原有出处方面体现了作者的严谨，让读者如果想对某一个问题想继续研究时，可以根据资料进一步查证。虽然这样的做法现在已经是一个基本的做法，但要一直保持，数年不变，对我们一些搞研究的同行来说也是值得学习的。

第四，文风和语言的特点。从次仁加布同志的论文当中，我们感觉到大多数体现了深入浅出，通顺流利的文风，适合于各个层面的读者，也就是说这些论文通常读起来没有那么拗口，即便是使用术语，也能用通俗易懂的话语随后展开，对特别要指出的问题予以解读，避免了从概念到概念的常见套路，有利于一般读者对这个问题的理解。

总之,读过这些论文后,感觉到作者在写作中的自身特点是比较突出的,形成了自己的风格。当然,这本集子不是也不可能是尽善尽美的,某些论文因为受到调研或者资料检索的限制,在情况的叙述上有一定的局限;有的论文在探讨历史问题的角度上也有些偏,给出的结论说服力还不强;还有就是对马克思主义的宗教观研究需进一步深入,要增强对现实宗教问题的针对性等等,所有这些,还需要作者继续努力,戒骄戒躁,学习钻研新的知识,继续掌握和运用好历史唯物主义和辩证唯物主义,使自己更上一层楼。

马克思主义奠基人曾经说过:“一个民族想要站在科学的最高峰,就一刻也不能没有理论思维。”特别是在今天,时代在飞速地前进,世界各个方面正在深刻地改变,西藏社会也发生着巨大的变化,形势对我区社科研究人员提出了更高的要求。在实现中华民族伟大复兴的进程中,作为在新社会成长起来的藏民族新型知识分子,希望次仁加布同志努力学习中国特色社会主义理论,在社科领域当中与广大科研人员一道承担起“存史、资政、育人、解惑”的光荣任务,为西藏社会科学和藏学研究做出新贡献。在这里,借集子出版的机会,向次仁加布表示祝贺!

最后,想再一次与同道们共勉的话是:广泛的而不是狭窄的,深刻的而不是肤浅的,以只争朝夕的精神,大量学习和吸收现代科学知识,掌握好应当具备的方法和方法论,在本职工作中,在前沿学科中做好学术研究,在前人的基础上有所突破,努力实现自治区党委对我们提出的“藏学研究的旗帜由我们高高举起”的目标,在研究工作中实现从自发到自觉的转变，为构建小康西藏、平安西藏与和谐西藏而努力工作，是我区每一个社科和藏学研究人员应尽的责任。

2010年8月6日
写于美丽的日光城拉萨

引 言

宗教是一种在全球范围内各个民族、各个国家和各个地区普遍存在的社会、历史和文化现象，一直影响着全世界近三分之二的人口。由诸多宗教内部各派别之间产生的矛盾，由不同宗教之间产生的矛盾，由宗教与社会政治、经济和文化生活等各个方面产生的矛盾，构成了世界各个国家和各个民族普遍关注的宗教问题。冷战结束后，殴美一些国家处于他们的政治目的，大肆利用宗教问题挑动矛盾，甚至制造局部流血事件和战争。他们四处插手，将宗教问题做为武器干涉别国内政，其中对我国西藏的无理干涉就是明显的事例。

西藏的藏传佛教和苯教有久远的历史，在其内部有不同的教派，而且西藏绝大多数人都信仰宗教，宗教信仰在他们的精神生活中占有重要地位。历史上，由于特殊的自然、社会历史条件，造成了藏民族形成、发展与宗教的关系十分密切。尤其是，近三百年政教合一制度达到顶峰的西藏封建农奴社会，更使宗教的影响渗透到藏族社会生活的各个方面，今天宗教和宗教问题依然是影响西藏社会发展及社会稳定的重大问题。特别是，一些别有用心的人利用宗教从事干涉西藏事务的活动，致使宗教问题呈现出其特殊和复杂性，决定了宗教问题长期成为我区社会总问题的一个主要方面，这就更加突出了正确认识和解决好我区宗教问题的重要性。

宗教问题是当前我区乃至整个中国或当今世界范围内的

一个极其重要而敏感的问题。从全国的情况来看宗教有群众性、民族性、长期性、国际性和复杂性的特点，从我们西藏全区范围来看，几乎所有热点问题都与宗教有关。当年毛泽东也明确地提出了“民族、宗教无小事”的正确论断。因此，全面认识和正确处理宗教问题，事关全区的稳定局势，社会进步与发展等。

鉴于宗教问题的这种特殊性和重要性，鉴于用马克思主义的宗教理论、党和政府在各个历史时期制定的宗教政策，对我区广大党员干部进行教育以增强他们这方面的理论修养和政策素养的必要性和紧迫性，还鉴于近年来从理论和实践相结合上来全面论述西藏宗教问题，正面宣传党的宗教理论和政策的图书相对缺少，故此，本人编写了这本论文集。

本文集努力坚持以马克思主义宗教观的基本原理为指导，即努力运用辩证唯物主义和历史唯物主义的世界观和方法论，分析宗教方面的一些基本问题，注意理论联系实际，提出对于我们的各级党政干部来说，理所当然地要坚持马克思主义宗教理论，并进一步在社会上弘扬以马克思主义宗教理论为指导来认识和处理宗教问题的主旋律。

本文集体现这样的精神，即首先，使广大党政干部，特别是县、处级以上的领导干部深刻领会老一辈无产阶级革命家毛泽东同志提出的“民族、宗教无小事”的论断，高度重视宗教问题，正确认识和处理宗教问题。其次，始终贯穿马克思主义的立场、观点和方法，政治观点十分明确，政策观念把握适当。再次，理论联系实际，体现理论、实践、政策和知识四个方面的紧密结合。

本文集试图从理论与实际的结合上深入浅出地讲述马克

思主义宗教理论，成为我们西藏地区面向新时期或跨世纪党政干部的宗教实践和理论读本，对于提高党政干部有关宗教理论的素质和修养，增进民族团结，维护祖国统一及建设和谐西藏等均有重要的理论和现实意义。也为我区与全国其它地区一样迎接21世纪的全面挑战，树立正确的马克思主义宗教观等具有重要的价值和深远的意义。相信本文集对于在西藏进一步推动马克思主义宗教理论，如何结合西藏的实际正确认识和处理我区宗教问题和建设平安西藏、小康西藏、和谐西藏等各方面能起到它应起的作用，这是作者的愿望和初衷。

本文集出版之际，西藏社会科学院党委主要领导孙勇书记认真地通读了全文并在多处进行补充和完善，在修改过程中，还画龙点睛地提出了中肯的具体修改意见，并精心指导，还慷慨地作了序，在此表示由衷的感谢和敬意！

目 录

试析全面深刻地理解“划清两个界限，尽到一个责任”的理论内涵

“划清两个界限，尽到一个责任”是对我区宗教工作经验的总结，也是新时期宗教工作的指导方针，符合我区实际，针对性强，政策界限鲜明，工作思路清晰，既是我们必须坚持的政策，也是紧密联系我区宗教工作实际的，做好当前和今后一个时期宗教工作应当遵循的原则。更是对各级党政组织和广大党员、干部的要求，必须全面深刻地理解“划清两个界限，尽到一个责任”的理论内涵。

“划清两个界限，尽到一个责任”的政策原则和工作要求是，郭金龙书记于 2001 年初在日喀则视察时提出的，在中央第四次西藏工作会议时明确后，于 2002 年 9 月，郭金龙书记在全区宗教工作会议上进行了重申，这是符合西藏实际的英明决策。在西藏必须划清正常宗教活动和利用宗教从事分裂活动的界限，划清群众有宗教信仰自由和党员不得信仰宗教的界限。各级党政组织和广大党员、干部要尽到引导群众崇尚科学文明、追求社会进步的责任。

郭金龙书记指出：“做好我区宗教工作，事关加强党同人民群众的血肉联系，事关我区经济社会的跨越式发展和长治久安，事关民族团结和民族进步，事关祖国统一和国家安全。”的确，宗教在我区有其特殊性和特殊重要性。因为宗教在我区，从来不是孤立存在的，它始终与我区的政治、社会问题相互交织，具有广泛的影响。尤其是，我区的广大农村牧区近乎

全民信仰宗教，宗教传统源源流长，社会生产力水平比较底下，经济造血功能差，现代科技底子薄，并相对落后，外部自然条件艰苦。所以，宗教有着较深的传统、现实社会、心理和认识方面的根源以及有很深刻的政治背景，西方敌对势力和境外分裂势力总是在利用宗教问题，在宗教领域给我们做手脚。因此，在现阶段，不论是什么民族，必须站在为实现中华民族伟大复兴的高度，作为中华人民共和国的公民，担负起祖国强大的历史重任，对于是非问题必须有清醒的认识，要从整个国家战略全局的高度认识到做好我区宗教工作的特殊性和特殊重要性。

当我们回顾我区宗教工作的历史时，在文革期间，我区与全国其它省区一样，在宗教问题上有不少值得深思的经验和教训。党的十一届三中全会以后，通过全面的拨乱反正，党的宗教信仰自由政策得到了贯彻落实，广大信教群众也充分享有了宗教信仰自由。然而，在具体执行政策的过程中，由于执行者的主观意识，出现过一些偏差，诸如，在八十年代末，由于“右”的干扰，放松了对宗教的依法管理，党委书记亲自参加祈祷大法会，津津乐道地听讲经，纵容宗教势力，使我们的各级党组织对宗教问题上不敢采取果断的措施，甚至有时，睁一只眼闭一只眼，不敢管、不会管、不想管，于是分裂主义势力不断向寺庙渗透，不法僧尼明目张胆地鼓动、参与骚乱闹事，严重影响了我区的社会稳定和经济发展。

到了九十年代末，又稍微受到“左”的干扰，有意利用左的掩护，搞破坏干扰，乃至，在广大普通信众和活佛家中也不准摆佛龛，致使在社会上造成较为不良影响，西方敌对势力和境外分裂势力也利用广大信教群众的宗教心理，借机攻击党的宗教信仰自由政策，我区的宗教工作上又出现一些被动的局面，影响了宗教政策的认真贯彻执行。

在这种情况下，区党委及时、正确地认识和处理了宗教问题，吸取正反两方面的经验和教训，紧密结合我区的实际，创造性地开展了宗教工作。并深刻地认识到，要认真全面地贯彻执行党的宗教信仰政策，就必须牢牢地把握住根本的政治是非和重大的政策界限。于是，英明果断地提出了"划清两个界限，尽到一个责任"的政策原则和工作要求。这一政策原则和工作要求，针对性强，避免左右冲击，特别是有效地回击了别有用心的人物势力的歪曲破坏，造谣惑众。这是新时期我区宗教工作的指导方针和路线、政策，更是立足西藏实际，完成好新世纪初，我区宗教工作的基本任务和奋斗目标。

一、必须划清正常宗教活动和利用宗教从事分裂活动的界限

对于正常的宗教活动不得干涉，团结宗教界人士，调动信教群众在各条战线的积极性，除了加强思想政治工作外，也要给他们创造必要的条件。例如，合理安排好宗教活动场所，使宗教活动正常化，这就是落实党的宗教政策的一个具体措施。在宗教活动场所进行的一切正常宗教活动，如拜佛、诵经、转经、祈祷、讲经、受戒和过宗教节日等，都由宗教组织和宗教信徒自己办理，并受到国家法律的保护，任何人不得干涉。但是，宗教信仰自由活动不能搞任何非法活动。

在我区认真全面地贯彻党的宗教信仰自由的政策，与坚决制止非法、违法活动，是不矛盾的，我们实行宗教信仰自由的政策，目的是为了团结广大信教群众共同进行社会主义新西藏的建设，尽快把我区建设成为富强文明的社会主义新西

藏，是为了维护广大群众的根本利益和长远利益。而有些别有用心的信教徒，为了达到不可告人的目的，利用宗教破坏社会主义新西藏的建设，严重干涉我区发展与进步，直接妨碍社会主义新西藏的建设和损害广大人民的根本利益。所以，必须坚决制止和反对，就像郭金龙书记指出的："保护合法，绝不等于要扩大宗教阵地，甚至助长宗教狂热。我区现有的宗教活动场所已经满足了广大信教群众的需求，无论从现实看还是从长远看，都不能使宗教的阵地越来越大。这是一个大原则，各级领导干部思想上必须十分明确，行动上必须十分坚定。"对于利用宗教、利用广大信教群众的信教心理搞破坏活动的信教者必须予以严厉打击，坚决取缔名目繁多的活动，也决不允许他们利用宗教信仰自由搞危害党和人民利益的活动。他们的活动不属于宗教信仰自由范围，对此，应该有清醒的认识和敏锐的鉴别能力。

我们也要看到，当前，在全区范围内，经过寺庙爱国主义教育后，我区的宗教界人士，虽然出身、经历、信仰和思想政治情况各不相同，但是，他们接受党的领导和接受爱国主义教育，总的来说，绝大多数是爱国的、守法的和拥护社会主义制度的。在宗教职业人员中，许多人不仅同信教群众精神生活有密切联系，在群众中有一定的影响，而且他们在履行宗教职务的形式下，进行着许多服务性劳动和社会公益方面的工作，例如，维护寺观经堂、保护珍贵的宗教文物和文化艺术，从事旅游和以寺养寺事业。正如郭书记指出的："努力挖掘和弘扬宗教教义、宗教道德和宗教文化中有利于社会发展、时代进步和健康文明的内容；支持他们与各族人民一道反对一切利用宗教进行危害社会主义祖国和人们利益的非法活动，为民族团结、社会发展和祖国统一多作贡献。”所以，在社会主义新西藏的建设中，应该团结他们，肯定他们的积极因素，帮助他们进步，一如既往地对他们进行爱国守法，拥护社会主义，维护祖国统一和民族团结教育，以提高他们的觉悟，调动他们的积极因素，为实现跨越式发展和长治久安的历史任务出力。

无论什么时候，信教者都有热爱祖国、拥护宪法、拥护社会主义制度，拥护共产党领导的义务。尤其，在今天，就是要求广大各族人民，珍惜安定团结，社会稳定的良好局面，同心同德，团结一致，在中国共产党的领导下进行社会主义新西藏的建设，努力实现“一加强、两促进”的历史任务，把我区建设成为现代化的繁荣文明的地区，为实现中华民族伟大复兴做更多的贡献。这是信教和不信教的人们的共同的政治目标，所有信教和不信教的人们都不得叛离这个目标。因此宗教不得插手政治，信教者不得利用宗教搞破坏活动，这就是说各种宗教团体和宗教信仰者不能离开区党委和政府的政策和政治目标另搞一套。否则，就不是个信仰自由或者不自由的问题，不是世界观的问题，而是一个政治问题了，必须划清正常宗教活动和利用宗教从事分裂活动的界限。

二、必须划清群众有宗教信仰自由和党员不得信仰宗教的界限

在马克思列宁主义、毛泽东思想的宗教学中有一个原则，就是不能把国家对待宗教的态度和马克思主义政党对待宗教的态度混为一谈。就国家而言，宗教是私人的事情，国家保护宗教信仰自由，不去干涉宗教的正常活动，同时也不允许宗教干涉国家政权事务。而对马克思主义政党而言，在我区和全国其他地区一样，宗教信仰自由对于共产党员来说是不适用

的。共产党员不存在宗教信仰自由的问题。这是因为，马克思主义政党的指导思想的理论基础是辩证唯物主义和历史唯物主义，它和有神论是不相容的。宗教不是私人的事情，党对于宗教要开展斗争。不允许宗教自由自在地宣传有神论。马克思列宁主义、毛泽东思想的理论阵地也不能让宗教去占领，马克思主义政党对宗教不能采取听之任之的态度。这一反对宗教的斗争，当然要结合马克思主义政党的根本任务，去进行无神论的宣传，以帮助广大群众从宗教偏见中解脱出来。对这个问题的态度，郭书记明确指出："共产党员不但不能信仰宗教，而且应该积极宣传唯物论和无神论，宣传科学的世界观。"列宁也对此论述的很清楚，列宁说："应当宣布宗教是私人的事情。这句话通常是用来表示社会主义者对待宗教的态度的。但是，这句话的意义必须正确说明，以免引起任何误解。就国家而言，我们要求宗教是私人的事情，然而，就我们自己的党而言，我们无论如何也不能认为宗教是私人的事情。"同样，对马克思主义政党的成员来说，宗教不是私人的事情，应当大胆地站在宗教的对立面。

为什么对马克思主义政党，对共产党员来说，宗教不是私人的事情呢？这是因为，区党委实行宗教信仰自由的政策，这是对我区民众来说的，并不适用于共产党员。每个共产党员，都是马克思主义政党的一个成员。他不同于一般公民，他接受马克思主义为指导思想，承认党的纲领，遵守党的章程，参加党的组织活动。党的世界观是唯物主义的无神论，党的最高纲领是通过党员和全体人民的艰苦奋斗实现共产主义，谋求全人类的解放，这与宗教唯心主义有神论的世界观和把希望寄托于"神仙"和"上帝"的渺茫幻想，是两种根本对立的立场。事关纲领、路线的大问题，怎么能说是“私人的事情”呢.

在我区，区党委曾多次做出过明确的规定，共产党员不得信仰宗教，不得参加宗教活动，长期坚持不改的要劝其退党。当然，对没有受过任何教育的广大农牧民中的共产党员，要按照实际情况区别对待，以教育为主，进行耐心、细致的思想工作，帮助他们逐步树立马克思主义的世界观，逐步摆脱宗教感情的束缚。至于有极少数党员，他们不但信奉宗教，而且参与宗教狂热来反对党制定的路线、方针和政策，这是绝对不能容许的，郭书记指出：“要按照有关政策妥善解决少数共产党员信仰宗教、热衷于宗教活动的问题，对笃信宗教、丧失党员条件、利用职权助长宗教狂热的必须按照党纪严肃处理。”因此，对少数教不悔改的，顽固不化的党员，坚决把他们清除出党。

在我区广大农村、牧区的农牧民群众中，要把宗教活动和含有宗教色彩、宗教传统，但实质上已成为当地的风俗习惯也应区别开来，如农牧区的某些婚丧仪式和群众性节日活动等，党员可以跟群众一道参加。生活在这些地区农牧民的共产党员，既要在思想上同宗教信仰划清界限，又要在生活中尊重和随顺当地的风俗习惯以不脱离群众，如果不加分析地把二者混为一谈，是不利于正确处理宗教问题和中华民族伟大复兴的宏伟事业。

但不论怎么说，作为共产党的一个成员，理所当然应该是个无神论者，共产党员绝不能具有两重性；政治上是共产党员，思想上是有神论者，又想当共产党员，又想信仰宗教，这是自相矛盾的，我们党明文规定，共产党员不得信仰宗教，不得参加宗教活动，违反此规定经教育又不改者应劝其退党。党组织按照党的章程和纪律处理信仰宗教的党员问题，是党组织的内部事务，这不牵涉宗教信仰自由不自由的问题。反过来我们也不能按照党员的标准去要求广大的普通群众，正如郭书记指出的："打击非法，决不是要限制正常的宗教活动。尊重信仰自由，不等于共产党员可以等同于普通群众，要始终明确共产党员不得信仰宗教是严肃的政治纪律。我们不能按照党员的标准去要求普通群众。"总之，一定要按郭书记的讲话精神，必须划清群众有宗教信仰自由和党员不得信仰宗教的界限。

三、各级党政组织和广大党员、干部要尽到引导群众崇尚科学文明、追求社会进步的责任

为了提高广大党员对宗教本质的认识，从马克思列宁主义理论的高度来看待宗教，缩小宗教的影响，创造条件，促使宗教走向消亡。这不仅要用马克思主义的立场、观点、方法，对宗教问题进行科学研究和分析，加强宗教理论的建设和探讨，努力摆脱宗教迷信所带来的贫困、愚昧和精神空虚的状况，建设高度的社会主义精神文明，同时还要积极建设高度的社会主义物质文明，为宗教的最后消亡，为共产主义最终实现，为实现中华民族的伟大复兴而努力奋斗。

郭书记指出："当今社会，崇尚科学文明、追求社会进步已经成为世界潮流，我区经济社会的发展也要依靠科学文明进步，各级党政组织和广大党员、干部必须带领群众顺应历史发展的趋势。尽到引导群众崇尚科学文明、追求社会进步的责任。大力宣传和普及科学知识。"这是一项英明的决策。尤其，这是对我区的每一名民族共产党员和干部来说应尽的神圣责任，必须坚决拥护和贯彻执行。

科学是宗教的死对头，科学占领的阵地的扩大，就意味着

宗教的地盘的缩小。列宁说:“宗教偏见最深刻的根源是贫困和愚昧”,(《列宁全集》第28卷,第163页)贫困带来痛苦,愚昧使人迷信,科学不去占领阵地,宗教迷信就会去钻空子,这一点已经被无数的事实所证明。科学的基本特征是以客观事实的证明为依据,而宗教则立足与虚幻的观念。科学世界观的基础是唯物主义,宗教的世界观的基础是唯心主义。科学要求发挥人对改造客观世界的能动性,而宗教则极端形而上学地把神绝对化,否定人对客观世界的创造力。科学的重要任务之一,就在于要人们去认识世界,宗教则蔑视理智而提倡盲目信仰。

随着科学知识的发展和普及,宗教迷信所散步的谎言将一个一个被揭穿,宗教的地盘将一天天缩小,正如恩格斯所说的:“宗教在科学的猛攻之下,一个又一个城堡投降了,直到最后,自然界无限的领域都被科学所征服,而且没有给造物主留下一点立足之地。”(《马克思恩格斯选集》第1卷,第529页)。所以,大力宣传和普及科学知识是进行无神论宣传的一个重要的方面,是我区当前宗教工作中不可忽视的重大事情。尤其,在广大的农牧区建设强有力的基层党组织和基层政权是我区做好宗教工作的组织基础,郭金龙书记明确指出:“基层党组织要发挥领导核心作用,共产党员要发挥先锋模范作用,要通过我们的实际行动,让群众真正感到代表他们的利益、能够带领他们创造幸福生活的是我们党和政府,而不是任何宗教和‘神’、‘佛’的力量所能做到的,要把党的基层组织建设成为带领群众与贫困愚昧作斗争、与分裂倒退作斗争的坚强堡垒”,所以基层党组织在宣传科学,反对迷信,让广大的农牧民群众崇尚科学,追求文明幸福等方面必须尽到自己的义不容辞的责任。

科学推动着人类历史前进，给人类带来极大的好处，宗教迷信将人类社会拉向后退，给人类造成极大的灾难。热爱科学、提倡科学，已经成为社会风尚。我区时刻要坚决贯彻落实科教兴国的战略，只有这一战略得到认真的贯彻执行，宗教迷信思想和迷信活动就会受到批判和打击。有的贫穷的农村和偏僻的牧区，一不积极兴办教育，二不靠科学发展生产，却发动农牧民投入人力和物力兴建或修复寺庙、佛塔，而学校的教学点破烂不堪，建在被人遗忘的角落，致使宗教迷信盛行，群众受穷，学生无钱、无条件上学，运用科学发展经济更是无从谈起。有的企业商贾，手里的资金颇丰，但不投到扩大再生产上，凡而大操大办宗教仪轨或兴建塔寺。有的富起来的家庭，不惜血本投入大量钱财，举办规模宏大的丧葬仪轨，这种现象，充分说明科教兴乡、村的战略在一些地方并没有完全落实。所以，在全区范围内，各级党政组织和广大党员、干部要带起头来，尽到引导群众崇尚科学文明、追求社会进步和文明的责任，这是广大人民群众的迫切愿望和实际利益，可以充分调动广大人民群众的意志和热情，也是在新的形势下在我区实践“三个代表”的特殊要求，即我们党在西藏实践，最广大人民群众的利益的忠实代表和实事求是、与时俱进的具体体现。

总之，我区各级党组织、广大党员、干部和社会各界，要全面深刻地理解“划清两个界限，尽到一个责任”的理论内涵，就是要保护合法，打击非法，尊重信仰，严肃纪律和履行职责，为实现我区跨越式发展和长治久安的历史任务，为实现中华民族的伟大复兴而做出各自的贡献。

略论清中央政府对蒙藏地区的宗教政策

在蒙藏地区利用、扶植、推崇藏传佛教是有清一代历任统治者实行的一项重要国策。以往,蒙藏史专家及清史专家就清政府实行这一国策的原因、主要内容、措施及其历史影响等问题进行过深入探讨并各述己见,其中不乏真知灼见。但这一政策对于推动蒙藏历史以及对这两大民族自身的发展究竟起到何种作用等问题似乎言犹未尽,还有进一步探讨之必要,本文拟就在前人研究成果的基础上略抒管见,就教于方家。

按藏学界的通行说法,藏传佛教是在雄才大略,煊赫一世的吐蕃赞普松赞干布时传入西藏的。这位开明的藏王根据当时政治斗争的需要,大胆地把由释迦牟尼创造的佛教引进吐蕃,自此,使藏民族的精神文化发生了深刻的变化。在漫长的岁月中,佛教与西藏本土的自然宗教苯波教进行长期斗争,并吸收、融合了苯波教中为藏族百姓所接受、崇拜的有机内核,逐渐形成了藏传佛教。近千年来它那极其精湛的佛教哲理成为藏族人民的精神支柱,也是统治阶级制定统治人民的各种措施的主要理论依据。

公元十二世纪末和十三世纪初,铁木真征服了蒙古各部,建立统一的蒙古汗国。把这个历来强悍著称的游牧民族的历史推向了一个新的发展阶段。蒙古汗国最强盛时,其领地西达多瑙河下游,东至今日本海,到十三世纪中叶,蒙古人的铁蹄踏遍西夏、金及南宋的土地,最后建立了一个统一全国的强大的元王朝。

在元朝建制前，元太宗窝阔台之子阔端已招降吐蕃，控御青藏高原并与藏人建立了联系。蒙古汗国的统治者对藏人的指导思想藏传佛教产生了极大的兴趣，并竭力推崇。由于藏传佛教萨迦派高僧萨班和八思巴在蒙古统治者进行的统一活动中立下了汗马功劳，并用佛教思想施加影响，致使在汉文化包围下的蒙古统治者大胆地接受、引进和吸收了高原民族的精神支柱藏传佛教，把八思巴推到帝师的高位。然而，综观有元一代藏传佛教主要活跃于蒙元的宫廷之中，并未使整个蒙古草原游牧的文化和经济生产活动产生根本的变化。随着明朝的兴起，蒙古族的势力不得不退回后方老家，所以说有元一代藏传佛教在蒙古还只是初步的涉足而已。

到明王朝崩溃并被清王朝取代后，清王朝统治者对北方的蒙古族一直存有戒心，害怕他们造反，为了使蒙古臣服，清统治者费尽心机，除了采取联姻、重封、分化、拉拢和威胁等手段外，更主要的是他们极其明智地利用了藏传佛教。明末时俺达汗曾迎请第三世达赖喇嘛到蒙古地区弘扬佛教。这一新兴的藏传佛教格鲁派以其精湛的哲理和严格的教规、教理真正征服了草原民族。自此，藏传佛教在蒙古民族的心目中逐渐站上了重要的位置。由于自元朝以来藏传佛教在蒙古地区已经产生过一定的影响，所以第三世达赖喇嘛到蒙古地区传教时，经其统治者的支持、崇奉便很容易为老百姓所接受，亦可以得到传统力量的有力支持。这一点我们可以从“因其教不易其俗，使人易知易从，此朕赞承先志，维护黄教之意也”①这段话中得到了充分的印证。因此，清政府统治者对付这个剽悍无比、曾经称雄一时的蒙古人根本没有走明朝的老路，即没有效法明朝修筑象征华夏民族的气魄、力量和强盛一万里长城。万里长城这条硕大的巨龙不仅是我们国家历史上民族间矛盾的长期性、复杂性和尖锐性的见证，尤其它自始至终没有能起到抵挡北方游牧民族潮水般涌来和进犯的作用。这点，来自长城外面的清统治者最为清楚。所以扶植和利用藏传佛教是上策，并很快把这些策略付诸与实诈施，我们从“盖蒙古奉佛信喇嘛，不可不保护之。以为怀柔之道而已，”②“因众蒙古崇奉喇嘛，最信黄教，因而加以保护，用于怀柔，”③这里可以看出清朝统治者利用藏传佛教的目的是很明确的。就是用藏传佛教这一精神武器，实现对蒙古族人的怀柔之道，所以他们花费巨资，在蒙古地区修建大量寺庙，同时在政治、经济和文化中心也兴建寺院，如入关之前在沈阳建造实胜等寺，入关以后，顺治、康熙、雍正和乾隆等四个朝代，亦由中央政府出资，建筑了北京的雍和宫等十七座寺庙和承德普仁等十一座寺，以弘扬藏传佛教。由于统治阶级在蒙古地区扶植、推崇藏传佛教，使剽悍尚武的蒙古族男人大量出家，不事生产，不搞军事，不给他们解决任何现实问题，仅给他们提供极其虚无缥缈的普度彼岸世界的场所，达到“兴黄教即所以安众蒙古”的政治目的。而蒙古族自清代以来由于信仰藏传佛教，使北方草原的主人蒙古人往昔那种凌厉的锋芒几乎消磨殆尽，可他们还忠心耿耿地渴望灵魂的解脱，丧失了勇武的素质及尚武的精神，而一蹶不振，最终堕入了萎靡衰落的毁灭深渊。由此，我们可以极清楚地看出清中央政府的手段是极其阴险和毒辣的。一个强大的民族就这样被宗教这一特殊的社会功能给麻醉了。

自元朝以来，中央政府对西藏实行的主要是扶植和推崇宗教和笼络当地的宗教领袖来帮助自己统治当地人民的政策。但元、明两代对此没有清代那么热衷。尤其明代时，只是“多封众建，尚用僧徒”而已。对藏传佛教的利用比之清代相差甚远，所以这一时期各教派的斗争相对较少，因为各自力量相当，没有更大的依赖对象或靠山，谁对谁都构不成更大的威胁，因此社会较为安定，生产发展很快，经济、文化也相当繁荣。尤其这一时期藏族人民整理编纂了大量的历算、医药等实用科学典籍，创造了浩繁的文学、历史、艺术和戏剧等灿烂的文化。同时手工业及人工架桥等技术也空前繁荣。众所周知的前藏三大寺、后藏扎什伦布寺和江孜白居寺均是这一时期修建的，尤其工程浩大，没有一定的财力和科学技术是难以完成的。这都反映了这一时期西藏经济相当发展的面貌。因此，我们可以毫不夸张地说，明代是继吐蕃王朝之后，藏族社会发展的又一鼎盛时期。但到了清代，清政府为了达到自己的统治目的，根本不顾藏族本身的利益，极力提倡、扶植宗教。他们不以为然地说“盖佛本无生，岂有转世？但使今无转世之呼图克图。则数万番僧无所皈依，不得不如此耳。”④明知活佛转世是根本不存在的，反而极力装作活佛的崇敬者。由于清政府的提倡和支持，藏传佛教格鲁派势力在藏区迅速膨胀，自此，藏区开始出现大量的人口拥向寺庙，“如一家之中子女多者必有一、二为僧，女者为尼者。”⑤我们别的暂且不提，光是前藏三大寺中，哲蚌寺里出家僧人为七千七百名，色拉寺里出家的僧人为五千五百名，甘丹寺里出家的僧人为三千三百名，如此庞大的寄生阶层“不耕而食，不织而衣”，在当时生产力较低的情况下，这么多的劳动力脱离生产，必然会给社会造成沉重的负担，如此畸形的社会结构，使藏区社会愈加落后。但正是这样才对清政府的统治愈加有利，因此他们极力推崇。

清朝理藩院官员照桂说:“国家宠信黄教僧,并非崇奉其教,以祈福祥也,祇以蒙古诸部崇信黄教已久,故以神道设教,籍信其徒,使其诚心归附,以障藩篱。”这一毒辣的手段,造成了藏区百姓的极端贫困化,随之为寺院服务的各种繁重的劳役以及当地统治阶级对贫民百姓的压迫与剥削的各种措施也应运而生。

也正因为极其繁重的赋税和差役,藏地出现了大量的人口流亡,史载“唐古忒百姓本来穷,百姓内除天花亡故外,又因差事繁多,逃散甚众,查百姓逃散之故,原因乌拉、牛、马、人夫、柴草、饮食费用繁多,以致逃散。”⑥作为生产力大军的广大老百姓极端贫困化和大量人力流亡,便直接影响了生产的发展,从而导致了藏区经济的衰败、萎缩和凋敝。总之,这一切悲惨的结局均是清政府极力利用、扶植宗教所至。另外,由于民众信教势力的膨胀,广大民众用血汗换来的财富也畸形地集中于各大小寺庙里,尤其大量的用来铸造佛像及修建各种灵塔等佛事活动上,这些数不胜数,价值连城的金银财宝拥入寺庙。但这种经济实际上是一种惰性经济。他们的脑袋里除了布施给神圣的寺庙外,丝毫不考虑扩大再生产和经济的发展。于是社会大部分财富都消耗在各种名目繁多的宗教活动上,从而对整个社会的经济发展带来了极其严重的影响,同时各种佛事吉日的禁忌极大地阻碍了生产的发展,诸如不准动土,不准挖渠,不准消灭农作物的害虫、鼠类等。严重地阻碍了西藏农业生产的正常发展。这都是自上而下崇佛敬佛,尤其利用佛教欺骗民众的缘故。这是极其可怕和不可取的。

当然,我们从表面上看,清政府对蒙藏地区的宗教政策,是达到维系蒙藏民族对中央政府的向心力的目的,从而对于维护多民族国家的统一等方面起到了积极的作用。但从蒙藏社会衰败的过程,我们可以极清楚地看到,清政府为了达到自己的政治目的而极力利用、扶植、推崇藏传佛教这一特殊的社会功能实施慢性毁灭了这两大民族的前程,这是极其残酷无情的,用这种残忍毒辣的手段来统一国家的办法毫无积极意义,是永远不可取的,今天我们只能从中吸取教训及批判的佐料而已。毫无疑问,推行这一政策是清王朝封建统治阶级的本质所决定的。正如列宁指出的“所有一切压迫阶级,为了维护自己的统治,却需要两中社会职能,一种是刽子手的职能,另一种是牧师的职能”,清政府的历任统治者都运用了这两种职能,尤其是乾隆皇帝更是把这两种职能紧密地结合在一起,因为他们不仅是封建统治阶级的最高代表,至高无上的皇帝,同时他们也自称是文殊菩萨的化身,并迎请第五世达赖喇嘛等藏传佛教的领袖人物进京替他们说话。总之,清中央政府为了达到自己的统治目的,不顾宗教给蒙藏社会带来的极其严重的后果,最终使蒙藏社会堕入落后的深渊,一直到解放前仍处于相当落后的悲惨境地。

今日我们建设无神论的社会主义新蒙藏时,应该很好地吸取历史上的经验教训,以史为鉴,绝不能重蹈历史的覆辙。我们要用马克思主义无神论来正确解释宗教,用辩证唯物主义和历史唯物主义的观点对宗教的产生、发展和消亡的规律作出客观的分析,对藏传佛教的历史及现状进行科学的研究,对广大蒙藏群众的思想认识水平,尤其需要用一切办法,不惜付出代价地培养具有现代文化科学知识的新一代,为使蒙藏的社会同全国其它省份同步发展创造各种条件,做出更多贡献。

当然，我们也不否认，在世界屋脊存在了将近一千三百多年的藏传佛教也是拥有极其丰富灿烂内容的文化遗产，它在全人类的文化发展和文明的进步等方面都有着不容忽视的历史地位，它作为绚丽的藏蒙古典文明的花朵，必将随着社会主义新蒙藏的发展，开放得更加鲜艳夺目。作为悠久的东方精神文明的巍峨丰碑，必将屹立在伟大祖国的土地上，藏蒙灿烂的传统文化必将为全人类的和平、进步和幸福做出它应有的贡献。藏传佛教的大小寺庙也应成为继承、弘扬和发展藏蒙民族灿烂文化及文明的场所。佛教僧人更应担负起自己神圣的职责，为藏蒙的文化腾飞于世界做出贡献。

注释：

①雍正：《善因寺碑文》

②雍和宫藏乾隆：《喇嘛说碑》

③嘉庆：《西藏图考》卷首

④《卫藏通志》卷首

⑤《西藏记》卷下

⑥《卫藏通志》卷14

浅析西藏藏传佛教长期存在的根源

自公元七世纪建立的吐蕃王朝以来，藏传佛教逐渐成为主宰西藏民众精神的意识形态，已经历了奴隶社会，封建农奴制社会，以至今天的社会主义社会等不同的社会形态，而且至今仍然在广大西藏地区颇为活跃地存在着，还影响着他们的感情和风俗习惯，更与其文化道德观念融为一体。本文试图结合当前西藏社会的实情，实事求是地浅析藏传佛教长期存在的根源，欠妥之处在所难免，谨请广大读者批评指教。

马克思，恩格斯以辩证唯物主义，历史唯物主义的观点分析了宗教产生的根源“不是在天上，而是在人间。”①宗教和其它意识形态有共性，都是客观社会存在的反映。他们的论断明确地告诉我们，要想了解宗教意识产生的原因，必须从宗教徒所处的客观现实社会，以及他们自身的主观因素方面去寻找。

一、传统文化之根源

（一）恩格斯指出：“宗教一旦形成，总要包括某些传统的材料，因为在一切意识形态领域内传统都是一种巨大的保守力量。”②藏传佛教有着千余年的历史，其传统影响非常之深。拉萨作为藏传佛教的活动中心，圣迹众多，总是吸引着众多的佛门弟子及善男信女。另外，从世界屋脊之屋脊的阿里高原的神山岗仁波齐峰，圣湖玛旁雍措到托林寺、科迦寺、伦珠曲德林寺；从后藏著名的萨迦寺，拉孜曲德寺，定日寺，昂仁寺，扎什伦布寺，夏鲁寺，江孜白居寺，仁布江钦寺到前藏雅鲁藏布江河谷地带的桑郁寺、昌珠寺、敏珠寺、雍布拉康寺等历史悠久的古刹，同样吸引着来自甘青地区的安多巴信徒，来自川、滇、康的康巴信徒，来自藏北姜塘的霍尔卓巴信徒。其中，有手柱拐杖的老年人，有背婴儿的母亲，有从千里之外边磕长头边前行者，而更多的是为了表达虔诚之心，背着干粮、历尽艰辛的朝拜者。

在渊源的历史长河中，造就了仁钦桑布、玛尔巴、卓弥、米拉日巴、萨班贡噶坚赞、贡罗叙奴拜、隆钦热布江、宗喀巴和第五世达赖喇嘛等佛学大师、大译师、大学者、大哲学家、大思想家、形成了宁玛派、噶举派、萨迦派、格鲁派等藏传佛教各教派。藏传佛教成了西藏人民信奉的宗教，并在藏区根深蒂固，形成了巨大的凝聚力。自十五世纪以来，来自西方的传教士竭力想在西藏传播基督教，却始终未能如愿，甚至被藏传佛教所感染，而钻研佛法之精湛哲理。藏传佛教在历史上形成的独特的宗教礼仪和传教方式，更使它深深扎下根，深奥的佛学哲理和佛法知识更使信徒们对它诚信无疑。

（二）斯大林同志给民族下过这样的定义："民族是人们在历史上形成的一个有共同语言、共同地位、共同经济生活以及表现于共同文化上的心理素质的稳定的共同体。"③其中共同文化上的共同心理素质，就包括着民族的宗教需要信仰这一重要的组成部分。西藏民族的文化历史中，藏传佛教同藏族的哲学思想、文学、美术、音乐等相结合，形成独具特色的藏传佛教文化。浩如烟海的佛教典籍，宏伟壮观的塔寺建筑群，数不胜数的佛、菩萨、神像雕塑、绣像、绘画和唐卡等。尤其是，宣传佛教思想题材的文艺作品，仍向广大藏民传递着佛教传统思想的信息。有些人在了解佛教文化的书籍过程中，从对佛教的好奇、探究以至发生兴趣。对于某些有特殊心理需求的人们,更有可能促使他们确信佛法。有些人在阅读神话小说,观赏有浓厚佛法内容的藏戏时,不仅产生了对佛法的神秘感,而且还接受了佛教的人生观,价值观和道德观。有的年轻人还直接了当地说,由于他们平时从佛经里、老者们口中得知佛教所提倡的诸恶莫作,众善奉行,慈悲为怀,利乐有情等思想,于是对佛教门产生了敬仰。

(三)藏传佛教渗透于藏民的生活方式、节日、各种仪式、饮食起居等,成为习俗。诸如办事前先用念珠卜算顺利与否,出门办事时举行仪式祈祷成功,搬迁新居时要作安神仪轨,小孩出生后要到寺庙里找高僧起吉利的名字。孩子在哪儿出生,有的还要在哪儿的山头立其生命旗杆(当然这是吸收了一些苯教的仪式),以求终生获得保佑避免灾难。

每家每户屋顶上悬挂的五色经幡,门上和窗户上的各种避邪物,墙上挂着或画着的各种护法神像和吉祥图案,屋内的佛 ,每日换供水等,致使生长在这种环境里的青少年自幼便受到佛教潜移默化的影响。

藏族还绝对忌吃带单蹄和带爪类动物的肉,也就是藏族不吃马类动物和狗类动物的肉,因为我们认为马和狗是通人性的,比如,主人有了什么不幸的时候,只有马和狗会掉下伤心的眼泪,他们的确对人类有很深的感情,因此,藏民们也把它们当作自己生存过程中的左臂又膀。

西藏的葬法有五种,既塔葬,火葬,天葬,水葬和土葬,第一种葬法,既用香料将尸体保存起来,并置于金质和银制的塔内。之后,供人崇拜,像历辈达赖喇嘛,历辈班禅大师和少数大活佛的尸体,是这种葬法。其次是火葬,这也只用于活佛和一些有地位的高僧。凡是因传染病而死或夭折的小孩既行水葬,也就是把尸体割成几块丢进河里。土葬是为凶杀或受刑而死的囚犯们安排的,被认为是最坏的一种葬法。藏族认为,被埋的人是永远不会转世的。还有,打架斗殴杀死或突然降临的事故等死亡者的尸体,被热迦巴拿走后处理,他们把四肢的骨头、头颅乃至皮子等保存起来,用于上下密院寺各种宗教仪轨或法器。最流行的葬法是天葬,天葬的程序是,人死后,把尸体卷曲起来,使成坐的姿势,并把头弯于其膝盖处,用白色的氆氇包裹,择吉日有背尸者将尸体背走,到了天葬场地(是一块平坦的巨石,被称为秘宗坛城),先点烟火引老鹰,同时把尸体展开,接着用刀子去其肌肉,再用石头将骨头砸碎掺合糌粑,喂老鹰时,先把内脏和骨头喂掉,把肌肉放在最后喂于老鹰。于是,被老鹰吃得一干二净,一点不剩,就连一滴血都没有留下,藏族的天葬是受了藏传佛教觉朗派的影响,根据天地万物皆有水、火、风、土和身五种物质构成之原理,主张人体本身既来自于大自然,其死后理应回归大自然思想。故而,实行这种葬法,也认为人有今世,也有来世,灵魂不灭的观念,人死了以后留在世间的躯体是毫无价值的,主张把这个大自然里的任何物质一样的躯体施舍给为饥饿所困的老鹰,以拯救当天将被老鹰吃掉的其它生命,诸如,兔子或老鼠、田鼠这类的不应该结束其宝贵生命的动物,藏人们认为这是离开这个美丽的大自然时最后一次能做的善事。

(四)家庭是社会组成的细胞,它的变化与它所处的社会经济制度的发展密切相关。过去西藏地区长期处于封建农奴制度社会,家长制观念极强,至今仍要求子女必须服从父母的意志,尤其在广大农牧区的家庭生活中,父母对子女的影响甚大。在几乎全民信仰佛教的西藏广大农村、牧区的家庭里，父母往往要求自己的下一代必须接受与他们自己相同的信仰，亦即坚信藏传佛教。加之他们的文化水平以及佛教神秘的色彩，导致他们也对佛教顶礼膜拜，崇奉之至。

今天，西藏地区执行党和政府制定的宗教信仰自由政策，人民群众既有信仰宗教的自由，也有不信教的自由。对于广大西藏民众的信仰已经不再是强制性的，但是由于藏传佛教已与藏民的文化、生活习俗密切结合，在今后相当长的时间内肯定还会按传统的方式延续下去。

二、社会历史之根源

马克思认为，宗教这种现象是“以一定历史时期的物质经济生活条件来说明的。”④要想了解西藏广大人民群众崇拜或信仰藏传佛教的原因，就必须很好地研究他们所经历的社会状况。

（一）早在远古时代，西藏的先民们信仰原始的自然宗教即苯波教。其主要原因与他们所处的自然环境有关。由于当时他们对自己赖以生存的自然认识还处于低级阶段，不可能对各种变化无常的自然现象得出正确的认识，更无力征服。这时，就把大自然也视之为具有物质与神灵、肉体与灵魂，对蕾、电、暴风雨、地震、洪灾、凶猛的泥石流、突然下降的冰雹等感到恐惧，于是把天地等自然力量人格化，作为神秘的力量来崇拜。

（二）当西藏的历史进入阶级社会以后，除了原始的苯波教仍未完全消除依然起作用外佛教势力亦在广大西藏地区逐渐扩大。阶级压迫所产生的深重苦难成为佛教得以生存或存在的最深的社会根源。正如恩格斯指出的：“在各阶级中必然有一些人，他们既然对物质上的解放感到绝望就追寻精神上的解放来代替，就去寻找精神上的安慰，以摆脱完全的绝望处境。”⑤

（三）当前藏区也和祖国各族人民一样，走上了社会主义光明大道。优越的社会主义制度消灭了西藏地区经历千年的压迫剥削制度，使广大西藏劳动人民得以摆脱了深重的苦难，当家作主，成为社会的主人。这划时代的翻天覆地的巨变，使崇奉佛教思想赖以生存的阶级根源已经消失。然而，我国现阶段仍处于社会主义的初级阶段，生产力还不太发展，而西藏地区更处于较为落后的状态，广大农牧民群众从封建农奴制度的社会中解脱出来不久，故它在经济、意识形态各方面还都或多或少地带着那个旧社会的痕迹。而且在社会发展过程中存在着各种各样的茅盾，这些茅盾也都不同程度地反映到广大人民群众的头脑之中，此时，也会产生人们精神上的各种需求。列宁说：“宗教偏见最深刻的根源是穷困和愚昧。”⑥西藏地区建立社会主义制度，这给西藏地区的生产和文化的发展奠定了基础。西藏和平解放四十余年来，在全区范围内已建立起较多能够独立经营的比较完整的轻工和手工业体系以及全区能稳步发展的经济体系，农牧业生产条件发生了前所未有的变化，生产水平亦有了不同程度的提高。文化、教育事业也有了较大的进展。然而，由于历史遗留下的局部地区贫穷落后的现象长期没有得到根本的改变，一些人便生活的希望寄托于佛菩萨。前几年，很多出家的青少年僧人大都因生活所迫。他们当中有的在正规学校里上过学，大部分是在新社会长大的，本不想过那种单调无味的生活，只是以出家作为谋生的手段。当然，这是指局部贫困地区而言。另如一些农村，由于耕作技术极端落后，土地使用极不合理，缺乏肥料，干旱、多石、多杂草，完全靠天吃饭，往往促使他们拜倒在佛、菩萨和神灵脚下。有的农家为了增加劳动力，不让孩子上学，文盲率增加，科学知识贫乏，极容易受到传统鬼神观念的支配，甚至听信谣传，诸如各种天书、天启等，给自己增添困扰，令人不可思议。当人类将要进入二十一世纪，已能登上月球，研究宇宙空间的一切奥秘，可在地球的这个角落却出现这种怪事。一些曾受过一教育的年青人，并不满足于只是劳动、吃饭、睡觉等简单的生活方式。于是，对佛经或名目繁多的佛事活动发生了极大的兴趣，他们也就慢慢成了宗教的传播者。当然他们所传播的不过是那些迷信的生死轮回、因果报应或妖魔鬼怪等，这对落后地区人们的吸引力也是很大的，其后果也是可想而知。广大农牧区经济落后交通不便，缺医少药，群众得病以后，有时不得不求救于土医生。有的土医生的确高明，治愈了许多危难病人，给广大农牧民群众带来极大的方便。但亦有不少混水摸鱼的冒牌土医生，以降魔驱邪为名，骗取群众的便抱着听天由命的态度，试着向鬼怪求救。我们从物质基础来分析，因病求深亦是贫穷落后卫生事业不发达所带来的悲剧。

（四）自从推翻了封建农奴制度，广大西藏民众当家作主，在中国共产党的领导下的各级领导干部都是人民的公仆和勤务员。但正如邓小平所指出的："从党和国家的领导制度，干部制度方面来说，主要来说，主要的弊端就是官僚主义现象，权利过分集中的现象，家长制现象。"⑦在改革开放的今天，也有少数领导干部沾染不正之风，官僚主义十分严重。他们不但不关心广大农牧民群众的疾苦，反而搞特殊化，不到群众中去了解疾苦，反而高高在上。这样，造成一部分农牧民认为自己贫穷是前世造的孽，而少数干部如此深气十足是前世积德的结果，于是转而从佛教中寻找安慰，更加虔诚地信仰佛菩萨。

三、心理和认识之根源

对于大部分西藏民众来说，崇奉佛教是与他们各自长期的认识、感情、意识、愿望需求等有关的心理活动，正如列宁指出的："心理的东西、意识等等是物质的最高产物，是叫做人脑的这样一块特别复杂的物质机能。"⑧由于信徒们的生活方式、实践领域、生存环境、受教育程度以至一个人的体质、生存条件等的不同，认识程度自然不同。

（一）西藏广大民众对客观现实的认识能力，由于受到他们所处的特殊环境和知识水平、思想方面以及健康状况等诸方面的限制和一向影响信奉佛菩萨，这是一种十分特殊的意识形态。这种特殊的意识形态所要解决的不是现实世界的实际问题，而是涉及到来世和彼岸世界的幻想及神秘莫测的问题。这是由他们认识的局限派生出来的，更确切地说，为他们认识方面上的偏差及谬误所致。

很多在新社会里成长的、受过现代教育的西藏中青年已在科学道路上跨出了一大步。他们的前辈们根本认识不了宇宙现象，诸如月蚀、日蚀的形成，人类赖以生存的地球的形状，天体的构造等，他们这一代已能认识。自从宇宙飞船登上了月球以来，他们也认识或了解了月亮上既没有兔子，更没有嫦娥。通过学习现代自然常识，了解了地球是绕着太阳转的，而不是所谓的七匹马拉着在马车上的太阳绕地球转的。通过学习天文知识，知道天宇上并不存在什么天堂。通过学习地球构造方面的知识，也证实了地下根本就没有所谓的极可怕的地狱和阎罗王。可是在宏观和微观的任何领域内，他们未知的奥秘仍大量的存在着。正如恩格斯指出的：“人的思维是至上的，同样又是有限的，按它的本性、使命、可能和历史的终极的目的来说，是至上的和无限的，按它的各别实现和每次的实现来说，又是不至上的和有限的。”⑨西藏地区特殊的地域环境和人文环境，使他们有限的认识能力与无限发展的客观世界之间的确存在着各种各样矛盾。尤其是，广大西藏地区是崇神信佛意识很浓厚的地区，广大农牧民群众常常伴随着点燃熏香和酥油灯度日，在这种客观条件下，他们不可能较快地掌握辨证观点，于是，就很容易接受神、佛等提供的简单答案。

（二）广大西藏地区的农牧民群众，对于生老病死必然规律的认识尚待提高，人的生命是蛋白体的构成，这是毫无疑问的，但迄今为止，人类尚未能以科学的手段制造出生命，生命之迷尚待继续努力探索。自从广大西藏民众走上社会主义道路以来，随着西藏地区科学文化和卫生保健事业的不断发展，广大农牧民群众的平均寿命有了很大的提高，然而作为自然规律，人总是要死的。总有一天要离开这个美好的世界，于是难解的生死问题仍是广大西藏民众普遍关心的问题。辨证的生死观认为生和死都是物质运动的态势，是互相否定的对立统一体。在万事万物新陈代谢不断进行的意义上来说，生就意味着死。恩格斯说，“生命总是和它的必然结果即始终作为种子存在于生命中的死亡联系起来考虑的，无论什么人，一旦懂得这一点，便会摈弃了关于灵魂不死的任何说法。”⑩虔信佛法的西藏民众却很唯心地认为灵魂不死，认为此身生命的结果，意味着拖附于另一身生命的开始，他们把生命的内在形式延伸到了死后以求得自我安慰，于是自然就倒向佛教对生与死的观念了。

总之，从西藏地区目前的生产力的发展水平，生产关系的变革程度以及科学文化的普及提高等基本状况来看，这种虔信佛教，敬奉鬼神的状况在西藏地区长期存在是必然的，合乎历史发展规律的。

注释：

①《马克思、恩格斯全集》第十七卷，第436页。

②《马克思、恩格斯选集》第四卷，第253页。

③《斯大林全集》第二卷，第537页。

④《马克思、恩格斯选集》第二卷，第537页。

⑤《马克思、恩格斯全集》第十九卷，第334页。

⑥《列宁全集》第二十八卷，第163页。

⑦《邓小平文选》第287页。

⑧《列宁全集》第十四卷，第238页。

⑨《马克思、恩格斯选集》第三卷，第126页。

⑩《马克思、恩格斯选集》第三卷，第570页。

试论以寺养寺是寺庙僧尼自食其力的正确途径

在社会主义社会的新西藏，宗教不再是统治阶级用来压迫人民的工具，而是信教公民的私事。在全区境内寺庙不仅已成为广大僧尼和信教群众进行开展正常的宗教活动的场所，而且成为研究佛教、苯教典籍以及继承和发扬佛、苯文化艺术的场所。僧尼等宗教界爱国人士和爱国宗教团体是党的统一战线的一个重要组成部分。僧尼与不信教群众在政治上和经济上的根本利益是一致的，他们在思想信仰上的差异是次要的。即将跨入二十一世纪之际，僧尼等宗教界爱国人士必须更加紧密地团结在党中央的周围，为我区社会主义现代化建设的伟大事业而共同奋斗。过去寺院依靠庄园、属民和各种特权养活自己。现在除政府拨款、家庭供给和信徒布施外，主要还是依靠自力更生，采取多种经营，搞好以寺养寺。

以寺养寺是积极引导宗教与社会主义社会相适应的重要内容。当前，在西藏为数不少的僧尼脱离生产劳动，只是热衷于依赖神佛度生，诸如，每当在俗人家中遇到任何不幸时，他们便举行讽诵经忏的宗教仪式或讽诵佛、苯经卷而收受财物等。拜忏、求签、化缘、乞讨、祈福禳灾之风盛行，并以此作为唯一的生活来源。有的僧尼，观念陈旧，经营不善，生产搞不好。有些劳动力强的僧尼，看到自己劳动所得要养活那么多年老体弱多病的僧尼，觉得不胜负担，因此也影响到他们的积极性。另有一些僧尼却总是怕吃苦、怕劳动，好吃懒做，因而到处流动，不安心生产。有的公然表示，不愿意参加生产劳动，要到人口密集的城市靠香金、施食、乞讨维持生活等。在僧尼中普遍存在诸如此类的问题相当多，在此不必一一赘述。本人在此对我区如何搞好以寺养寺方面提出了自己很不成熟的见解，只是抛砖引玉，错误在所难免，诚恳希望行家指正。

一、僧尼应成为自食其力的劳动者。全区境内所有的寺庙必须从全区发展的大局出发，以开放意识代替保守陈旧观念，以改革代替固步自封意识。摆脱听天由命，守株待兔的守旧思想，彻底改变依赖信徒度生的单一经济生活方式，要向多种经济成分方向迈进。把一向输血的寺庙经济功能，变成造血的经济功能，开创一条崭新的以寺养寺的经济发展道路。

尤其，各级政府的宗教工作部门或有关的宗教团体必须为转变寺庙僧尼的观念而不断地进行教育。并给他们经常宣传党的经济政策，要求他们坚持走自立更生、自食其力、爱国爱教、生产自救的道路，努力参加力所能及的劳动，养成生产劳动的良好习惯。为西藏的建设和繁荣富强添砖加瓦、多作贡献。更让他们深刻地认识到寺庙自养的重要性，逐步树立起“生产自给，劳动光荣”的观念。发扬“庄严国土，利乐有情”的优良传统。

二、积极为僧尼创造生产劳动的条件。要搞好劳动生产，必须要有生产基地，并为稳定僧尼思想，进一步巩固来之不易的稳定局势，在全区范围内必须实行两个长期不变的政策，已划分给现有驻寺僧尼地农田、草场和牲畜等暂不予变动。这样一来，不仅极大地调动了寺庙僧尼们投身经济建设的热情，而且，僧尼的基本生活除少量由家庭承担外，主要靠自己的双手。同时，组织僧尼们自己动手，开垦种植，搞好农田基本建设。诸如,山南地区洛扎县桌瓦寺,积极响应党和政府的号召,年年植树造林,种植花、草和果树共计140亩,盖了两座温室,开荒种田12亩,新修公路5000米,水渠500多米,修筑了一条长1870米、宽15米的河坝。致使不仅绿化了环境,帮助群众排忧解难,也为当地政府减轻了负担。这样一来,寺庙也与社会其它行业一样服务于党和政府的中心工作。

三、发挥各自的特点,因地制宜地组织僧尼参加生产劳动。"不劳动者不得食",是一条社会主义原则,僧尼作为公民的一部分,同样要实行这一原则。根据不同的条件,因地制宜,充分发挥寺庙各自的特点,诸如,阿里地区噶尔县扎西岗寺的众僧们积极投入生产劳动,走以寺养寺的道路,在寺庙所在的乡上开了茶馆、商店,经济效益特别好,还有一辆东风卡车,所创的收入颇丰。于是,每年给乡小学培养两名贫困生,买来一台发电机,免费为周围的群众送电,结束了乡上无电的历史。由于乡上群众吃水困难,寺庙又投入大量的财力,打了一口质量很高的井,解决了吃水困难的窘境。还给乡里的群众付劳务费,种植了很多树木,绿化、美化了周围的环境。尤其,值得一提的是,建立了一所藏医诊所,免费给所有的当地群众和外地朝圣者治病,给广大群众带来极大的方便和利益。这是组织僧尼参加生产劳动的一项重要经验。

(一)、土地面积较少离城市较近,游客较多的寺庙,除了从游客收取门票及香火随喜外,还可积极组织僧尼搞副业生产和服务性行业。诸如开办餐厅、茶馆、销售部、招待所、小型食品加工厂、手工艺厂和搞运输业等多种方法。例如,在山南地区以寺养寺搞得最好的桑耶寺,迄今为止,拥有5辆汽车,3只船,1个饭店,2个商店,1个旅馆(200多张床位),80亩农田,167 亩林卡,203 头牲畜,年收入达到 72 万元。在日喀则地区的扎什伦布寺却以刚坚公司为经济后盾,以农林牧为副业,从上海引进先进设备,创建了牛奶加工厂。还开设了商店、餐厅、旅馆等服务性行业,每年收入可达一百多万元,为自食其力奠定了良好的经济基础。

(二)、地处高山,远离城市,游人较少的寺庙,可以利用优越的地理条件。就地汲泉,装瓶外销,开发药材,矿产资源、果园资源、林业资源等多种经营。同时还可根据不同的僧尼决定生产内容,有特殊技能者,让其发挥专长,搞适合专长的劳动。诸如从事制作藏香、塑造佛像、绘制唐卡、印制经书等副业。

例如,上面已经提及的洛扎县桌瓦寺和日喀则地区江孜县的拉布孜尼姑寺在这方面作出了典范。桌瓦寺民管会主任仁布大师既是全县有名的木匠,又是当地赫赫有名的'园艺师'。在他的培养、带动下,全寺僧尼在较短的时间内掌握了木匠、石匠、绘制壁画、塑造佛像以及电工、家电维修、缝纫等技术。现今,寺庙有面粉加工店、炸油房、水磨房、20 千瓦的小型水电站(为附近四个自然村的 120 户人家送电),这为寺庙的经济发展创造了良好的条件。江孜县拉布孜尼姑寺的十几名尼姑,凭自己勤劳的双手在寺庙附近开垦了 1000 余亩荒地,种植树木。为绿化江孜,美化环境作出了突出的贡献,同时造福了周围的民众。她们还开设了饭馆、商店等,不仅方便了众信徒,也为自己开创了一条自食其力的崭新道路。

(三)、可以利用寺庙的有利条件,通过佛法教义中为社会主义精神文明建设有用的积极因素。如避恶从善等佛法道德规范中与社会公德相同的部分,这在客观上起到协调和处理社会、人际关系，维护社会稳定、和谐社会的作用。在发扬中华民族光辉灿烂的传统文化，研究深奥的佛法哲理、医学、天文、历法，整理经典文献等方面都可以作出自己有益的贡献。诸如，办各种学习班或讲座，并向全社会开放，收取学费等。从根本上改变那种主要依靠布施和捐助的收入来维持生活的局面。如果有条件的还可以与银行挂钩设立储蓄代办处，也可经营证券贸易或搞保险业及基金会。这样做不仅寺庙经济纳入现代社会经济发展的轨道，而且，老年僧尼们到了晚年时，生活也有充分的保障，过得安稳，这应该是今后藏传佛教和苯教寺庙僧尼自食其力的发展方向。还可以积极为社会公益事业服务，诸如，近年来，阿里地区各寺庙积极配合政府，据不完全统计，寺庙僧尼每年为广大农牧民治病，送药，捐牲畜和财务，免费运输，送电等折合人民币价值已超过 100 万元。

四、积极向广大僧尼进行技术指导，推广科学种田。各级政府的宗教工作部门，要经常到当地寺庙指导生产。向僧尼们介绍农牧业科学知识，定期给他们赠送有关科学种田、养蓄等方面的科技图书资料。动员僧尼们订阅科教报刊杂志，提高他们的生产技能，不断给寺庙创造更多的财富，为以寺养寺开创更多的道路。

五、在僧尼中定期表彰先进，交流生产经验，接受现代科技。每年，各级宗教团体或协会召开寺庙农、牧、林、副业生产经验交流会，及时表彰先进，促进生产。有条件时，召开交流经验大会，介绍各自的生产成绩，并评选出寺庙和僧尼个人先进典型，还要颁发奖状、奖金、奖品。另外，民管会班子接受现代科技知识的工作也要落到实处，从自治区到各县统战、民宗部门每年都要制定民管会成员接受现代科学文化的培训计划,使他们按时都得到轮训。并形成制度化,逐步提高他们的现代科技文化素质。这样,不仅能起到发展寺庙经济,改善僧尼生活的促进作用,还能起到积极推动自食其力、以寺养寺的寺庙经济发展。

六、僧尼使用雇员要公平合理。无论在何地的寺庙僧尼,种田、放牧和经营各种服务业,原则上要自己动手,要成为自食其力的劳动者。但有的寺庙确属保护文物古迹的任务很重,现有僧尼老少不齐,劳力缺乏,人手不够的情况下,经当地政府批准可以雇佣他人种田、放牧和经营各种服务行业。其雇佣的工资不能低于当地雇佣工人的工资标准,公平合理,认真按劳动法规定的进行,决不能出现新的剥削行为。

七、无草场寺庙应走签订互利合同的路子。各级地方政府必须引导寺庙,在收益分配,劳动报酬等方面本着自愿互利的原则,签订合理合同的情况下,各户向寺庙奉献的牲畜仍有各家各户饲养。但决不能恢复和执行那种“不生不死,不增不减”的旧制度。草场问题由寺庙所在的县、乡、村政府通盘考虑。对收益分配、劳动报酬等方面,各地、县级政府的有关部门和乡政府每到年末要进行严格监督检查,不得放任自流或搞违法乱纪。

八、从寺庙的实际出发搞好以寺养寺。各级政府确定以寺养寺的具体方案和措施时,必须要根据各寺的规模、自养能力、收入来源、僧尼的生活情况和管理能力以及广泛征求各方面意见的基础上,确定各寺的土地、草场、牲畜和其它服务设施。但原则上也要按自治区批准的数额为准。对寺庙一次性批准的土地、草场、牲畜数额等,不管用什么办法和渠道发展,每到年末不得超过确定数额，违者要按当地政府的有关规定和乡规民约惩处。此外，特殊情况的寺庙应特殊对待。目前没有管理能力和缺编的寺庙，原则上也要按批准数额为准。但具体执行时要考虑到管理能力、劳动条件和人员数量，不予一次性落实，待条件成熟可以随时划分生产资料和安排服务设施。另外，凡寺庙经营的自养业等项目，应该同全民企业、集体企业、乡镇企业等同等对待。在资金投入上予以支持，也可适当放宽政策，给以优惠。

九、使用国家土地必须合理化。各地、市、县、乡等或任何单位和个人不管什么理由，不得向寺庙随意奉献国家土地和草场。为了以寺养寺，政府划分给寺庙的土地、草场等所有权仍归国家所有，而寺庙只有使用权。各寺庙在各级政府部门的统一管理和监督下，依法使用土地。不得私自买卖转让，违者须严厉惩处，决不能姑息迁就，并把寺庙使用土地纳入法制轨道。

十、寺庙资金必须用到点子上。通过以寺养寺的办法所得到的一切收入，除给僧尼，特别是生活有困难的僧尼发放适当的补助外，必须考虑到寺庙的正常活动经费、寺外维修、装修经堂、购买图书、寺内添置宗教用的费用。大力提倡“取之于教，用之于教”，决不能无计划地挥霍一空。并一定要按《自治区佛教寺庙民主管理章程》第四章第十七条规定办理。

总之，在我们伟大祖国不可分割的一部分即西藏自治区境内的名山胜地都建有众多名寺古刹。而生活、劳动在这些名寺古刹里的僧尼们，除了为自食其力从事辛勤的农业耕作、放牧养蓄、造林护林等外，还要进行着许多服务性劳动和社会公益方面的工作。例如，精心维护具有重大历史文物价值的文化设施，使文物古迹得到良好保管，建筑得到妥善维修，环境得到充分保护，使之成为清洁幽静，环境优美的旅游胜地。此外为了继承和弘扬中华传统文化重要的组成部分即藏族传统文化而抓紧点滴时光，勤奋努力，刻苦认真，付出了时间和精力。这都是僧尼们热爱祖国，热爱社会主义，为我区社会主义现代化建设作出贡献的具体体现。

浅析党的宗教信仰自由政策在西藏如何得到全面正确地贯彻执行

中共中央在八十年代初下发的19号文件明确指出"在社会主义社会中,随着剥削制度和剥削阶级的消灭,宗教存在的阶级根源基本消灭,但是,由于人们意志的发展总是落后于社会存在,旧社会遗留下来的旧思想,旧习惯不可能在短期内彻底消除,由于社会生产力的极大丰富,高度的社会主义民主的建立,以及教育、文化、科学和技术的高度发达,还需要长久的奋斗过程,由于某些严重的天灾人祸所带来的种种困苦,还不可能在短期内彻底摆脱,由于还存在着党和国家一定范围的阶级斗争和复杂的国际环境,因而,宗教在社会主义社会在一部分人中的影响,也就是不可避免地还会长期存在。"针对宗教这一特殊的社会历史现象和特点,党和国家采取了正确的方针政策,尊重和保护宗教信仰自由,开展宗教界人士的爱国主义统一战线工作。

西藏是中国的一个民族区域自治地方。藏族大多数群众信奉藏传佛教。党和国家在致力于促进西藏地区经济、文化、教育等各项事业的发展和进步,提高包括信教群众在内的广大藏族群众物质文化生活水平的同时,特别注意尊重藏民族的宗教信仰,保护藏民族宗教色彩浓厚的文化遗产。对西藏包括宗教文化在内的文化遗产和民间艺术进行全面普查、挖掘、收集、整理、研究和出版。国家投入大量资金用于维修西藏地区具有重要历史、文化价值的寺庙和宗教设施。始终认真地贯彻执行了宗教信仰自由政策，这是举世公认的事实。

一、尊重西藏人民的宗教信仰和风俗习惯

1949年中华人民共和国正式成立，广大藏族人民和上层爱国人士积极要求驱逐帝国主义在西藏的势力，推翻黑暗的旧制度，渴望西藏人民得到翻身解放。1950年1月，班禅堪布会议厅致电毛泽东主席、朱德总司令："西藏系中国领土，为全世界公认，全藏人民亦自认为中华民族之一、谨代表西藏人民，恭请速发义师，解放西藏，肃清反动分子，驱逐在藏帝国主义势力，巩固西南边防，解放西藏人民。"

于5月23日，西藏地方政府与中央人民政府在北京正式签订了关于和平解放西藏办法的《十七条协议》。该协议的第7条明确规定，在西藏"实行中国人民政治协商会议共同纲领规定的宗教信仰自由政策，尊重西藏人民的宗教信仰和风俗习惯，保护喇嘛寺庙。寺庙的收入，中央不予变更。"根据《共同纲领》、《十七条协议》和毛泽东主席的指示，进藏人民解放军和工作人员严格遵守和执行宗教政策，尊重和保护藏族人民的宗教信仰自由，尊重和保护藏传佛教各教派的信仰特点和宗教传统。1951年部队在进军西藏前颁布了《入藏守则》，其中就有保护西藏人民信仰自由，保护喇嘛寺庙，一切宗教设施不得因好奇而乱动，更不得在群众中宣传反迷信、或对宗教不满的言论，未经同意不住寺庙，不住经堂，战士严禁借住寺庙或参观喇嘛庙，平时如欲参观，必须先行接洽，在参观时不得随意摸弄佛像，不得吐痰放屁等等。因此，部队在进藏过程中，以实际行动严格贯彻《入藏守则》，未经允许再冷也不进住寺庙。在遇到玛尼堆时，还按当地习惯朝左走，不打"神鸟"，不动"神物"。一天，进藏部队在一座寺庙外的旷野

上宿营，突然下起滂沱大雨，尽管人人湿透了也无人进寺庙躲雨，这件事感动了寺庙里的喇嘛，他们非常热情地送来茶水，并要部队把病员抬进寺庙去避雨。总之，进藏人民解放军和工作人员严格执行宗教信仰自由政策，尊重藏族人民的风俗习惯的行为，得到了西藏僧俗群众的赞誉，他们称颂人民解放军和进藏工作人员是"菩萨兵"。

后来，经过评判改革，西藏人民群众有当僧尼的自由，僧尼也有还俗的自由，党和国家对各个教派一视同仁，平等对待。寺庙僧人通过民主选举，建立民主管理委员会或民主管理小组，自行管理宗教事务，自行开展佛事活动。自此，西藏广大僧俗群众真正获得了宗教信仰自由，并实现和保护了包括广大贫苦喇嘛在内的大多数僧人的基本人权。

二、宗教信仰自由权利得到法律保障

中共中央〔1982〕19 号文件指出："宗教信仰自由政策的实质，就是要使宗教信仰问题成为公民个人自由选择的问题，成为公民个人的私事。社会主义的国家政权当然绝不能被用来推行某种宗教，也绝不能被用来禁止某种宗教，只要它是正常的宗教信仰和宗教活动。"其目的是"使全体信教和不信教的群众联合起来，把他们的意志和力量集中到建设现代化的社会主义强国这个共同目标上来，这是贯彻执行宗教信仰自由政策，处理一切宗教问题的根本出发点和落脚点。任何违背这个基点的言论和行动，都是错误的，都应当受到党和人民的坚决抵制和反对。"

尊重和保护公民的宗教信仰自由、尊重和保护人民在宗教信仰上的自由选择，是中国政府对待和处理宗教问题的一项基本政策，也是尊重公民民主权利的一个重要方面，政府实行宗教信仰自由政策，并给予法律上的保障。中华人民共和国宪法第36条规定：“中华人民共和国公民有宗教信仰自由。任何国家机关、社会团体和个人不得强制公民信仰宗教或者不信仰宗教，不得歧视信仰宗教的公民和不信仰宗教的公民。国家保护正常宗教活动，任何人不得利用宗教进行破坏社会秩序、损害公民身体健康，妨碍国家教育制度的活动，宗教团体和宗教事务不受外国势力的支配。”今天，在我区各族人民全面建设社会主义新西藏的进程中，宗教信仰自由的政策得到更加全面而正确的贯彻落实。

中共中央制定的《关于我国社会主义时期宗教问题的基本观点和基本政策》（即中发〔1982〕19号文件）指出：每个公民既有信仰宗教的自由，也有不信仰宗教的自由；有信仰这种宗教的自由，也有信仰那种宗教的自由；在同一宗教里面，有信仰这个教派的自由，也有信仰那个教派的自由；有过去信教而现在不信教的自由，也有过去不信教而现在信教的自由。国家为了保障公民的这种自由，规定任何国家机关、社会团体和个人不得强制公民信仰宗教和不信仰宗教，不得歧视信仰宗教的公民和不信仰宗教的公民，不得以宗教信仰、宗教活动、宗教身份为由，剥夺公民在教育、就业、担任公职等方面的资格，不得强迫任何人缴纳用于宣传或维持他所不信仰的宗教的特别捐税等。除宪法外我国其他领域的法律法规也经常涉及宗教信仰保护。例如，我国选举法，兵役法都规定，信仰宗教或不信仰宗教的公民都有选举权和被选举权，都有服兵役的义务。我国民法通则第七十七条规定“社会团体包括宗教团体的合法财产受法律的保护。”我国刑法第二百五十一条规定“国家机关工作人员非法剥夺公民的宗教信仰自由和侵犯少数民族风俗习惯，情节严重的处两年以下有期徒刑或者拘役。”人民检察院也在《直接受理的侵犯公民民主权利、人身权利和渎职案件立案标准的决定》中规定，对国家工作人员非法剥夺他人正当的宗教信仰自由，如干涉他人正常的宗教活动或者强迫教徒退教，强迫公民信教或信某一教派，情节恶劣，后果严重，影响很坏的行为，以及非法封闭或捣毁合法宗教场所及其他宗教设施的行为等，应予立案。近年来，中国司法部门依法审理了若干起违反国家有关法律、严重伤害教徒宗教感情的案件，对责任者予以惩处。

另外，信教群众正常的朝拜、供奉、布施、念经、超度和听经等宗教活动，政府都不加干涉。各宗教团体、宗教活动场所都可以在宪法、法律允许的范围内自由开展各项宗教活动，自主管理内部事务。各种重大宗教节日宗教活动正常进行，每年到拉萨朝佛敬香的藏族信教群众多达百万人次左右，各教派不论大小一律平等。

党和政府尊重并依法保护公民的宗教信仰自由权利。国家宪法规定，宗教信仰自由是公民的一项基本权利。《民族区域自治法》、《民法通则》、《教育法》、《劳动法》、《义务教育法》、《人民代表大会选举法》、《村民委员会组织法》、《广告法》等法律还规定：公民不分宗教信仰都享有选举权和被选举权；宗教团体的合法财产受法律保护；教育与宗教相分离，公民不分宗教信仰依法享有平等的受教育机会；各民族人民都要互相尊重语言文字、风俗习惯和宗教信仰；公民在就业上不因宗教信仰不同而受歧视；广告、商标不得含有对民族、宗教歧视性内容等。

党和政府颁布了《宗教活动场所管理条例》，以维护宗教活动场所的合法权益。条例规定:宗教活动场所由该场所的管理组织自主管理,其合法权益和该场所内正常的宗教活动受法律保护,任何组织和个人不得侵犯和干预。侵犯宗教活动场所的合法权益将承担法律责任。在宗教活动场所进行宗教活动也必须遵守法律、法规。党和政府还颁布了《中华人民共和国境内外国人宗教活动管理规定》,尊重在中国境内的外国人的宗教信仰自由,保护外国人在宗教方面同中国宗教界进行的友好往来和文化学术交流活动。国家还在一定程度上提供了宗教经费和宗教教育的经费。例如国家专向拨款以修缮某些宗教寺院,甚至为特定的宗教设立宗教院校。国家所拨款项来自国家纳税人的税款,这就则要负担某一特定宗教的经费这种扶助政策其实是对宗教信仰自由的经济保障。

三、党的宗教信仰自由政策在西藏的光辉实践

目前,在全区范围内,经县以上人民政府批准开放的苯波教和藏传佛教寺庙和宗教活动场所共计 1787 多处。随着寺庙等宗教活动场所不断开放,从事宗教职业人数不断增加。在全区范围内,现有教职人员约有 46380 余名,此外还有信奉伊斯兰教的穆斯林约 3000 余人,清真寺 4 座,信奉天主教的信徒约 1000 余人,天主教堂 1 座 。信教者家中几乎都设有小经堂或佛龛,西藏处处可见从事佛事活动的信教群众,到处悬挂着经幡,堆积着刻有佛教经文的麻尼堆。西藏自治区及所辖 7 个地市均设有佛教协会,自治区佛教协会办有佛教刊物和藏文印经院。这些寺庙和宗教活动场所的开放,已基本满足了全区广大各族信教群众的信教需要,致使广大西藏人民亲身感受到了中国共产党宗教信仰自由政策的温暖和亲切关照。另外,已有为数不少的苯波教和藏传佛教寺庙被列为国

家重点保护寺庙，被列为全区重点保护的寺庙数目更多。据不完全统计，初步整理的文物有几十万件，广大信教农牧民群众的宗教信仰自由得到了充分的保护，各寺僧尼得到了政府的关怀，各自的信教需求也得到了满足。

自治区人民政府认真贯彻执行党对广大农牧民和僧尼们的信教政策，帮助维修了全区范围内的诸多寺庙，使他们充分享受到了党的宗教信仰自由政策的温暖，彻底摆脱了旧西藏政教合一制度下的黑暗的封建农奴社会的信仰禁锢。由于受十年浩劫的影响，西藏与全国其它地区一样，很多座寺庙不同程度地受到冲击，部分宗教界人士受到了不正确的对待，也伤害了广大农牧民群众的宗教感情，群众性宗教活动曾一度处于萧条和冷落的境地。

这场动乱过去以后，在党中央的正确领导下，在西藏地区全面落实了党的宗教信仰自由政策，做了大量实实在在的具体工作。为了满足和方便宗教界人士和信教群众宗教生活的需要，自八十年代初起，政府在财政不景气的情况下，先后拨款上亿元，用于寺庙、殿堂和灵塔等宗教活动场所的维修。有些被破坏、年久失修、自然腐损的著名寺庙得到不同程度的修复。1985 年，国家又拨专款 670 多万元，黄金 108.85 公斤、白银 1000 公斤、水银 665 公斤，修复了第五世至九世班禅的灵塔。1988 年，投资 5300 万元，维修了布达拉宫，这是在全区范围内，维修文物耗资量最大的一项工程。1990 年为了修建第十世班禅的金质灵塔祀殿，又拨了 6400 万元专款、600 多公斤黄金、500 多公斤白银和其它各种贵重材料。1994 年，政府又拨出 2000 万元专款，继续修复了“文革”中受损失较大的甘丹寺。据统计，自 1980 年至 2000 年，中国政府用于维修、保护西藏宗教设施的专项经费达3.1亿元。近几年，国家又拨出3亿元巨资专门用于布达拉宫、罗布林卡和萨迦寺等文化遗址的修复工作。由于国家在财力、物力等方面的大力帮助和支持，加之广大信教群众的自愿出资、出劳力和布施，以及爱国宗教界人士们的努力、踏实工作，使一座座独具民族文化风格、符合科学施工建设，富丽堂皇的宗教活动场所遍布西藏全境，从而大大改善了广大藏族僧尼群众的宗教生活条件，也为西藏高原独特的人文风景区增添了崭新的色彩。

西藏是信教群众占比例相对多的地区，高僧大德等宗教界人士，尤其是德高望重的爱国活佛、学识渊博的佛学大师在广大藏族群众中有较大的影响和较高的威望。对此，自治区人民政府高度重视他们在参政议政方面的特殊作用，在历届区、地、县、乡等各级人大、政府以及政协组织中，都按一定比例安排有影响、被广大信教群众信任和爱戴的宗教界人士，以发挥他们在全区政治生活和经济建设工作中，起到参政议事、献计献策的积极作用。目前，全区已恢复和成立的区、地、县级佛教协会，有600余名爱国宗教界人士分别担任了各级佛教协会组织的领导，直接参与对宗教事务的管理。

自改革开放以来，为推动藏民族灿烂文化的继承、发扬和保护工作，自治区人民政府在宗教部门和区佛协想方设法，找回了大量在“文革”中散失的金银佛像、法器珠宝、唐卡等文物珍品，以及甘丹寺的金汁书写的藏文《甘珠尔》等经卷526套，整理和登录了在布达拉宫收藏的大量典籍。其中，珍贵稀世的八宝《丹珠尔》，组织民间书法家，用金、银、铜、铁、玉、珊瑚、松石、白螺、珍珠溶化液汁，在精致的纸上按原样重新摹抄，积极推动了藏传佛教文化的抢救、收集和整理工作。为满足信教群众对经书、佛像等的需求量，1984年，区人民政府拨出专款50万元，资助西藏佛协开办了拉萨印经院，经信徒们几十年的辛勤劳动，印经院已印出1500余部藏文大藏经《甘珠尔》，供全区信教群众使用。1990年，政府又资助50万元，在拉萨木如寺开始刻制十三世达赖喇嘛土丹加措想要刻制而未能付诸实施的《丹珠尔》藏文大藏经拉萨版。1985年，西藏佛教协会创办了《西藏佛教》藏文刊物，专门登载佛教哲学、历史、文化等方面的研究成果，受到了广大信教群众的热烈欢迎。还先后整理和出版了诸多藏传佛教名著，深受区内外寺庙和僧俗群众的赞扬。西藏不断加强对宗教典籍的收集、整理、出版和研究工作。九十年代以来，藏文《中华大藏经·丹珠尔》(对勘本)、《藏汉对照西藏大藏经总目录》、《因明七论庄严华释》、《慈氏五论》、《释量论解说·雪域庄严》、《嘛尼全集》等上百部典籍陆续整理出版。除了已经印出《甘珠尔》大藏数千部外，还印出大量藏传佛教各教派仪轨、传记、论著等经典的单行本，供给寺庙，满足僧尼和信教群众的学修需求。宗教研究机构、高僧、学者的有关佛教专著，如《贝叶经的整理、研究》、《西藏拉萨现存梵文贝叶经的整理》、《西藏宗教源流与教派研究》、《活佛转世制度》、《郭扎佛教史》、《西藏苯教寺庙志》、《中国藏传佛教寺庙》、《西藏佛教寺院壁画艺术》等上千部，都正式出版发行。在此不再一一列举。

近几年来，在全区范围内各个教派的主要寺庙中，设有佛教经典研习学经班164个，学僧多达3270余名，各教派推荐、输送了50多名活佛、格西和寺庙民主管理组织成员到北京中国藏语系高级佛学院进修深造，已有20多名学僧学成毕业。他们在经师们的潜心指导下，每天刻苦钻研，努力学习佛学和藏族传统文化知识。在拉萨的三大寺，每年在不同的季节举行具有一定规模的讲经和辩经活动，互相学习，巩固和提高所学的知识，开阔思路，切磋经典内容。很多寺庙把有一定佛学造诣和培养前途的年轻学僧选送到在京的中国藏语系高级佛学院继续深造。他们学习刻苦认真，完成学业后返回各自的寺庙，成为学经、授经和继承藏传佛教文化的骨干，在当地成了具有一定佛学知识和文化素养的新型宗教职业人员。同时，为了让僧尼开阔眼界，接受不同的文化知识，加强与祖国内地其它民族之间的文化交流。主管宗教的党政机关，还多次专门组织僧尼到内地沿海等发达地区参观、考察和访问的人数多达上万名，取得了良好的效果。广大信教群众对此给以高度的评价，认为走出封闭，掌握各种知识，他们所盼望的新一代僧人正在茁壮成长。

另外，为了满足广大信教群众的愿望，历史上曾在诸多寺院内举办过的各种宗教节日和民族传统习俗得到了恢复。在西藏宗教节日与民间节日融为一体的节日活动，可谓名目繁多，几乎每个月都有一个节日活动。在大的方面，诸如传统的马年转神山岗仁布齐峰，羊年转圣湖纳木湖，猴年转神山杂日等。还有各个教派在不同的时间里举行的文体娱乐活动与宗教的“跳神节”相结合的活动，都正常进行并受到社会各方面的尊重。恢复和开放这一系列群众性的宗教活动后，对此广大信徒群众心满意足。

活佛转世是藏语系佛教特有的传承方式，得到了国家的承认和尊重。鉴于历史上的藏语系佛教大活佛在西藏社会生活中的特殊地位，明代、清代逐步将活佛转世纳入了中央政府管理和国家典章法制范围内。1793 年，清朝政府颁布法令，对呼图克图以上大活佛实行“金瓶掣签”，之后形成历史定制。经“金瓶掣签”认定的活佛转世灵童须报请中央政府批准后，方能正式继位。少数情况特殊者也需报请中央政府批准后方可免予掣签。“金瓶掣签”既坚持了中央政府的最高权威，又在宗教上体现了释迦牟尼的“法断”。从1793年至本世纪，在藏语系佛教大活佛转世系统中，有70多位转世灵童是经过“金瓶掣签”认定后报中央政府批准的。大活佛转世经由中央政府批准，是藏传佛教宗教仪轨和历史定制，是维护藏传佛教正常秩序的关键。自从在西藏恢复了藏传佛教特有的“活佛转世”制度以来，在全区范围内圆寂的高僧大德应进行转世，均按严格的宗教仪轨和历史定制认定了“转世灵童”，并举行了隆重的“坐床”仪式。诸如，第十一班禅额尔德尼曲吉杰布和第七世热振活佛等，按照严格的藏传佛教仪轨和历史定制，经金瓶掣签认定，并颁发了金册、金印，及时地完成了佛门盛事。这些举措充分反映了藏族群众宗教信仰自由权利受到尊重和保护，得到了西藏广大信教群众的拥护和支持。

此外，在政府的领导下，西藏爱国宗教团体和宗教界人士同世界上20余个国家和地区的宗教组织、宗教界人士建立了联系，开展了宗教学术交流，增进了相互之间的了解与友谊。西藏的宗教团体和宗教界人士还参加了一些国际宗教组织和国际宗教会议，有的还担任了领导职务，为积极引导宗教与社会主义社会相适应，积极引导寺庙坚持自养道路等方面起着很大的作用。改革开放以来，各宗教团体和宗教活动场所在当地政府的支持下，大胆兴办各类经济实体及服务业、公益事业，不断增加了寺庙收入，改善和提高了住寺僧尼们的生活条件。

党和国家认为，宗教信仰是公民个人的私事，而建设一个富强、民主、文明的社会主义现代化国家，维护国家的主权和民族的尊严，是包括信教和不信教群众在内的中国各族人民的共同目标和根本利益。周恩来同志指出：“在中国存在着宗教信仰的人和没有宗教信仰的人，就是有神论者和无神论者，这两类人应该彼此相处得很好。”“我国信仰各种宗教的人，向来就是合作的。不信仰宗教的人应当尊重信仰宗教的人，信仰宗教的人也应当尊重不信仰宗教的人。不信仰宗教的人和信仰宗教的人都可以合作。信仰不同宗教的人也可以合作，这对我们民族大家庭的团结互助合作是有利的。”因此，信教和不信教的人们可以做到政治上团结合作，信仰上互相尊重。在西藏社会主义制度的历史条件下，信仰宗教的群众和不信仰宗教的群众在信仰上的差异是次要的，在政治上、经济上的根本利益的完全一致是主要的，因此，在信教群众和不信教群众之间，主要提倡彼此尊重，互相团结，共同致力于社会主义现代化事业。否则，就会造成群众之间因信仰不同而产生隔阂与对立，影响社会政治稳定和民族团结。

目前，我区宗教活动场所的自养事业取得了可喜成绩，他们为西藏地区的社会经济发展做出了积极贡献。由于自治区人民政府认真贯彻落实党的民族宗教政策，制定和实施了顺乎广大信教群众心意的宗教信仰自由政策和措施，使西藏高原群众性的宗教活动日渐复兴，日趋活跃起来。现在，广大信教群众在国家宪法和法律的保护下，充分享有开展正常宗教活动的自由。他们或是在家里按传统的方式设置佛龛、佛堂，诵经祈祷，或是到宗教活动场所去进行烧香、拜佛、祈福禳灾、发放布施等平日佛事活动。每逢宗教节日，各寺庙都要举行一定规模的隆重热闹的宗教法会及各种祭典仪式，教徒们进行讲经辩经等佛学知识的研讨活动。

各级政府对西藏的各种宗教、各个教派及信教和不信教群众一视同仁，尊重并依法保护各种宗教活动。信教和不信教群众、藏传佛教的各个教派都相互尊重，和睦相处。各寺庙均由民主选举的管理机构，自主地管理寺庙内部的事务。僧尼们自主地学经、辩经、听高僧讲经说法，举行灌顶、授戒活动，修习各种仪轨，给信徒们念经、超度亡灵、摸顶祈福等。信徒们可以自由地去寺庙、神山、神湖朝拜，转山、转经、上供、斋僧布施、煨桑、诵经。在西藏到处都可以看到善男信女悬挂的经幡、堆积的刻有佛教经文的嘛呢堆和磕长头、转经、朝拜的信教群众。西藏广大僧俗人民充分享有宗教信仰自由的权利，这是无可争辩的事实，谁也不能歪曲这一事实。

大量事实充分说明，西藏人民充分享有宗教信仰上的自由，中央政府和西藏地方各级政府为保障和促进西藏人民的宗教信仰自由事业作出了巨大的努力，西藏人民今天享有的宗教信仰自由是旧西藏所无法比拟的。这一铁的事实，是无可辩驳的。这是到过西藏、对西藏历史有所了解的国内外人士都可以得出的公正的结论。

总之，党和政府的民族、宗教政策，在全区范围内得到全面、正确的贯彻执行。不同民族之间，各宗教团体之间，信教群众与不信教群众之间，都能互相尊重，和睦相处，共同为祖国的繁荣昌盛和西藏的发展而奋斗。我们西藏同全国一样，政治稳定、社会安定、民族团结和经济不断发展。各民族群众的生活不断改善和提高。这些都有力地说明，党和国家对待和处理宗教问题实行的宗教信仰自由政策是正确的,成功的、是卓有成效的。同时,实践反复证明,正确对待和处理宗教问题,对国家的社会稳定民族团结都有十分重要的意义。

略论藏传佛教在中国西藏的现状及其前瞻

一、概述

中华人民共和国是具有多种宗教的国家，在全球范围内的三大宗教（佛教、天主教和伊斯兰教），在中国都有其信徒、组织和活动场所。其中，佛教分为汉语系佛教（公元前2年传入）、藏语系佛教（公元7世纪传入）和巴利语系佛教（公元13世纪传入）三大支。藏传佛教，指的就是这三大支系中的藏语系佛教。它既是一种社会意识形态，又是上层建筑的组成部分，更是一种文化现象，即有其产生、发展和灭亡的规律，还具有独特的民族和地方色彩，自从传入藏区后，逐渐深入到其历史、政治、经济、文化、教育和风俗习惯中，成为中国西藏广大民众广泛信仰的宗教。

从世界范围来看，信仰宗教的群众约占世界总人口的三分之二，从我国来看，据不完全统计，信教群众约有1亿人口，从我区来看，几乎是全民信仰宗教。主要信仰藏传佛教和苯波教，还有为数不少的伊斯兰教徒，主要为回族，也有几少数人信仰天主教。

地处世界屋脊的西藏高原，巍然屹立在伟大祖国的西南边疆。总面积为120余万平方公里，约占全国总面积的八分之一，全区总人口为261.63万，其中藏族人口为241.11万，占92.2%，汉族人口为15.53万人，占5.9%，其他各少数民族人口为4.99万，占1.9%。是以普遍信仰藏传佛教和局部信仰苯波教的藏民为主体的少数民族聚居区。因此，以藏族为主的各族人民历来宗教感情浓厚，可谓几乎全民信教，藏传佛教对藏民族的影响是广泛而深刻的。苯波教和藏传佛教在西藏高原有着悠久的历史、深远的影响和众多的信徒。

二、藏传佛教的兴起与发展

它于公元7世纪传入藏区，当时藏王松赞干布为了加强藏族与周边民族的经济文化交流，吸收其它民族的先进文化，积极发展与邻近地区的友好关系，先后与尼泊尔尺尊公主和唐朝文成公主联姻，尺尊公主和文成公主各自带来了一尊释迦牟尼佛像到西藏，并修建起了拉萨著名的大、小昭寺，随两位公主前来的工匠也陆续修建寺庙，随同前来的佛教僧人开始翻译佛经，佛教开始从尼泊尔和祖国内地传入藏区。

松赞干布去世以后，西藏历经半个多世纪的佛、苯权利之争，到其曾孙赤德祖赞时期，才又大力发展佛教。公元710年，赤德祖赞向唐朝请婚求得金城公主。金城公主到吐蕃后，把文成公主带去的佛像迁到大昭寺供奉，安排随行僧人管理寺庙，主持宗教活动。金城公主还成功地劝说王室接纳从西域逃出的僧人，为他们修建了七座寺庙。这些措施促进了佛教在西藏的发展，引起苯教大臣的不满。他们极力压制佛教，直到赤德祖赞的儿子赤松德赞掌权后，佛教发展趋势才得到了改善。

为了巩固王权，赤松德赞以佛教为号召，打击借助苯教发展异己势力的大臣。他请来了印度著名僧人出家寂护和莲花生，于公元799年修建了西藏第一座剃度僧人出家的寺院—桑耶寺，剃度7名贵族子弟出家，开创了西藏佛教史上自行剃度僧人的先河。

在邀请印度高僧的同时，赤松德赞还派近臣前往内地请僧人到西藏讲经。根据其要求，公元781年唐朝开始轮流派僧人去西藏。受人尊敬的大乘和尚摩诃衍，就是汉族僧人在西藏的代表，他在西藏传教11年，著述9部经纶，讲经说法，使汉地佛教在西藏兴盛起来。以后，历任赞普都不遗余力地提倡佛教，兴寺建庙，翻译经籍，以王室收入供养僧人，以僧人参政削弱大臣权势。王室利用佛教巩固王权，激化了与苯教大臣的矛盾。公元842年，他们趁国王赤祖德赞热巴金酒醉时将其谋害，拥戴其兄朗达玛为赞普，掀起一场大规模的灭佛运动。

朗达玛灭佛不久后，遭佛教徒暗杀。吐蕃权臣，狭王子自重，互相征战。随后一场平民反上起义又席卷吐蕃，西藏陷入各个势力割据一方的分裂状态，藏传佛教“前弘期”至此结束。

公元10世纪初，佛教在西藏得以复兴，步入其“后弘期”。到公元11世纪中叶，藏传佛教开始形成规模，并进入各个教派形成时期，相继出现了四大教派。随着藏传佛教历史的发展，十七世纪，在中央政府－－清廷支持下，格鲁派取得了在西藏地区的统治地位，并不断强化了在西藏地区的政教合一制度，建立起西藏地方政府，还利用藏传佛教掌管西藏地方的政治、经济和文化等。并且，长期以来，它随着西藏社会的发展而发展，其思想体系与各种思想相互影响，成为社会文化的重要组成部分。在西藏和平解放以前，藏传佛教思想不仅成为占统治地位的意识形态，而且形成了卷帙浩繁的藏传佛教典籍和灿烂的藏民族传统文化。直到西藏和平解放后，其在政治上的统治地位才告结束。但它在西藏仍然是长期存在的传统根源，对广大信徒们的日常生活颇具影响。

三、宗教信仰自由政策在西藏得到正确地贯彻执行

尊重和保护公民的宗教信仰自由、尊重和保护人民在宗教信仰上的自由选择，是中国政府对待和处理宗教问题的一项基本政策，也是尊重公民民主权利的一个重要方面，政府实行宗教信仰自由政策。并给予法律上的保障。中华人民共和国宪法第36条规定：“中华人民共和国公民有信仰自由。任何国家机关、社会团体和个人不得强制公民信仰宗教或者不信仰宗教，不得歧视信仰宗教的公民和不信仰宗教的公民。国家保护正常宗教活动，任何人不得利用宗教进行破坏社会秩序、损害公民身体健康，妨碍国家教育制度的活动，宗教团体和宗教事物不受外国势力的支配”。今天，在全国各族人民全面建设小康社会的进程中，宗教信仰自由的政策得到更加全面而正确的贯彻落实。宗教信仰成为公民的私事，既有信仰宗教的自由，也有不信仰宗教自由；既有今天信而明天不信的自由，也有今天不信而明天信的自由。总之，宗教信仰自由是指公民依据内心的信念，自愿地信仰宗教的自由。公民有信仰宗教的自由和不信仰宗教的自由；有信仰这种宗教的自由，也有信仰那种宗教的自由；在同一宗教中，有信仰这个教派的自由，也有信仰那个教派的自由；有过去信教而现在不信教的自由，也有过去不信教而现在信教的自由。另外，信教群众正常的朝拜、供奉、布施、念经、超度和听经等宗教活动，政府都不加任何干涉。各宗教团体、宗教活动场所都可以在宪法、法律允许的范围内自由开展各项宗教活动，自主管理内部事务。各种重大宗教节日个宗教活动正常进行，每年到拉萨朝佛敬香的藏族信教群众多达百万人次左右。各教派不论大小一律平等。历史上一度被歧视的苯教得到了恢复。

目前，在全区范围内，经县以上人民政府批准开放的苯波教和藏传佛教寺庙和宗教活动场所共计 1700 多处。随着寺庙等宗教活动场所不断开放，从事宗教职业人数不断增加。在全区范围内，现有教职人员约有 46000 余名，此外还有信奉伊斯兰教的穆斯林约 3000 余人，清真寺 4 座，信奉天主教的信徒约1000 余人，天主教堂1 座 。这些寺庙和宗教活动场所的开放，已基本满足了全区广大各族信教群众的信教需要，致使他们亲身感受到了我党宗教信仰自由政策的温暖和亲切关照。

另外，已有为数不少的苯波教和藏传佛教寺庙被列为国家重点保护寺庙，还有被列为全区重点保护的寺庙数目更多。广大信教农牧民群众的信仰自由得到了充分的保护，各寺僧尼也得到了政府的关照和满足了各自的信教需求。

自从中国佛教协会西藏分会成立以后，举行了全区第一届佛代会，自治区人民政府还认真贯彻执行党对广大农牧民和僧尼们的信教政策，帮助维修了全区范围内的诸多寺庙；致使他们充分享受到了党宗教信仰自由政策的温暖，彻底摆脱了旧西藏政教合一制度下的黑暗的封建农奴社会的信仰禁锢。

目前，在全区范围内各个教派的主要母寺中，设有学经班 164 个，学僧多达 3000 余名。他们在经师们的潜心指导下，每天刻苦钻研，努力学习佛学和藏族传统文化知识。诸如，在拉萨的三大寺，每年在不同的季节举行具有一定规模的讲经和辩经活动，互相学习，巩固和提高所学的知识，开阔思路，切磋经典内容。况且，很多寺庙把有一定佛学造诣和培养前途的年轻学僧选送到在京的中国藏语系高级佛学院继续深造。

他们都学习刻苦认真，完成学业后返回各自的寺庙，成为学经、授经和继承藏传佛教文化的骨干，在当地成了具有一定佛学知识和文化素养的新型宗教职业人员。同时，为了开阔眼界，接受不同的文化知识，加强与祖国内地其它民族之间的文化交流。主管宗教的党政机关，还多次专门组织僧尼到内地沿海等发达地区参观、考察和访问的人数多达上万名，起到了良好的收效。广大信教群众对此给以高度的评价，认为走出封闭，掌握各种知识，被他们所盼望的新一代僧人正在茁壮成长。

自从在西藏恢复了藏传佛教特有的“活佛转世”制度以来，在全区范围内应进行转世的圆寂高僧大德，均按严格的宗教仪轨和历史定制认定了“转世灵童”，并举行了隆重的“坐床”仪式。诸如，第十一班禅额尔德尼曲吉杰布和第七世热振活佛等，按照严格的藏传佛教仪轨和历史定制，经金瓶掣签来被认定，并颁发了金册、金印。这就大大地满足了广大西藏各族僧俗群众宗教信仰的要求和愿望，使他们有了各自的精神寄托。也使他们的宗教信仰自由得到了充分的尊重和保护。

由于自治区人民政府认真贯彻落实党的民族宗教政策，制定和实施了顺乎广大信教群众心意的宗教信仰自由政策和措施，使西藏高原群众性的宗教活动日渐复兴，日趋活跃起来。现在，广大信教群众在国家宪法和法律的保护下，充分享有开展正常宗教活动的自由。他们或是在家里按传统的方式设置佛龛、佛堂，诵经祈祷，或是到宗教活动场所去烧香、拜佛、祈福禳灾、发放布施等进行平日佛事活动。每逢宗教节日，各寺庙都要举行一定规模的隆重热闹的宗教法会及各种祭典仪式，教徒们进行讲经辩经等佛学知识的研讨活动。我区宗教活动场所的自养事业取得了可喜成绩，他们为西藏地区的社会经济发展作出了积极贡献。

当前，党和政府的民族、宗教政策，在全区范围内得到全面、正确的贯彻执行。不同民族之间，各宗教团体之间，信教群众与不信教群众之间，都能互相尊重，和睦相处，共同为祖国的繁荣昌盛和西藏的发展而奋斗。我们西藏同全国一样，政治稳定、社会安定、民族团结和经济不断发展。各民族群众的生活不断改善和提高。这些都有力地说明，中央政府对待和处理宗教问题实行的宗教信仰自由政策是正确的，成功的、是卓有成效的。同时，实践反复证明，正确对待和处理宗教问题，对国家的社会稳定民族团结都有十分重要的意义。

总之，在具有独特的人文环境和自然环境的西藏高原，藏传佛教和苯波教受到广大信徒们的广泛信奉和尊重，有很深的群众基础和影响。因此，始终以实际行动，脚踏实地、深入、透彻地理解和正确把握宗教的特殊性。在为维护祖国统一、增强民族团结、加快经济发展的步伐、保持社会稳定等方面，具有极为重要的现实意义和深远的历史意义。

人类社会已进入 21 世纪，宗教自它产生以来与社会的现实相适应，并反映了不同的社会发展状况，从宗教发展的历史来看，宗教也只有适应社会的政治制度的变化才能生存下来，不论是世界性的宗教还是区域性的宗教，它们在人类历史发展过程中，始终适应国家的政治制度、主流意识形态和大的文化背景。

略谈原始宗教及其产生的历史条件

在浩瀚广大的宇宙演变中,人类赖以生存地球的产生只是非常短暂的转瞬即使。它已有四、五十亿年的漫长史。我们人类的祖先从古猿逐步进化到今天的人类,看来不过是几百万年。而宗教产生的历史和人类社会的发展的历史相比较,的确非常短暂,与地球的历史相比更是微不足道的,宗教作为社会意识形态之一,同其它的社会意识形态一样都是社会存在的反映。是客观现实在人们主观意识中的反映。正如恩格斯所说的:“一切宗教都不过是支配着人们日常生活的外部力量在人们头脑中的幻想的反映。在这种反映中,人间的力量采取超人间力量的形式。”①人类宗教有它发生,发展和消亡的过程。宗教信仰,宗教感情,以及同这种信仰和感情相适应的宗教仪式和宗教组织。都是社会的历史的产物。本文试图对原始历史条件的产物原始宗教谈点极不成熟的感想。

一、人类历史的远古没有宗教

迄今无数的古生物发掘以及现实生活当中的事实表明动物界是不存在着宗教的,当人类的祖先还没有从动物彻底分离出来之前。在极漫长的古猿和早期猿人阶段上。同样也是没有任何宗教可言。马克思说:“宗教是在最原始的时代从人们的,关于自己本身的自然和周围的外部自然的错误的,最原始的观念中产生。”②最初的人类,思维极不发达,意识远远落后于存在,人们对周围的世界不可能形成抽象的概念。生产实现刚刚开始,社会的生产力水平很低,生产斗争相当为单纯。生产的范围十分狭窄而知识贫乏,人类的思维和语言都在形成中,人类的认识主要是靠直接的感性认识。

在他们的意识中人本身和人以外的自然界还是浑然一体;没有分开。对于他们所能接触到的自身和自然界,以及与两者有关的现象。他们仅能感觉到其存在,而不会有更多的考虑。他们不能认识周围的许多自然现象对于人类生活的价值,也没有对他们抱着什么期望,人们更多的是,自发地适应于自然,不能设想。在这时会产生祈求减轻自然对人类压迫的思想要求以及任何宗教的观念。所以人类最初形成阶段是根本没有宗教的。

二、原始宗教的起源

恩格思认为;宗教产生于原始社会的蒙昧时代,他说;"其根源在于蒙昧时代的狭隘而愚昧的观念。"③早期知人的生活是如此深深地依赖于他们谋生的环境和土地,这是极为低下的生产力决定的。随者劳动工具的使用和改进,原始人的意识也在向前发展并渐渐地把具体的,个别的观念概括为概念。这样虽然他们比晚期的猿人在许多方面有了进步。但在严酷的自然面前,在充满敌意和危机四伏的环境中,人们保存自己和谋取食物的手段能力。仍然是非常低下和非常软弱的,思维受到了现实的抑制,无法认识现实的全部深度和复杂性。对于自身的变化和自然界变化的强大力量是无从理解。难以抗拒的这种变化使人们在思想上,情绪上以至心理上响应地产生了喜怒哀乐的种种反应,对自然界也很少有一般性的观念,他们脑子里只有某座山,某种河流的观念而没有一般的山,河流的概念,人们就是这样从个别的。具体的观念出发。来对待周围的物质世界对自身的认识。这种简单的,抽象的,思维的具体性,一开始就带有产生宗教的观念的可能性。正如列宁说："原始唯心主义认为一般是单个的寻在物···人类认识的二重性和唯心主义（等于宗教）的可能性已经存在于最初的最简单的抽象中，" ④主观地、片面地、孤立地观察自然界，过分地夸大现实的威力。用幻想和虚构来描述变化莫测的大千世界，也正是由于早期智人不发达的经验和意识所造成的幻想才把自然界错误地看成同自己一样地具有喜怒哀乐的情绪，有感觉，有意志，有生命，这样歪曲了自然。也歪曲了人和自然的关系，随着幻想的发展，人们在意识上进一步依赖自然和恐惧自然，进而赋于自然界以超人的，超自然的许多特性，由此产生了原始宗教。

三、原始宗教的主要内容和形式

（一）图腾崇拜

（1）图腾氏族的象征

恩格斯说；"宗教是最原始的时代从人们关于自己本身的自然和周围的外部自然的错误的最原始观念中产生的"。⑤图腾崇拜是原始人类于对于本身和周围的外部自然的极愚昧，极糊涂，极原始的观念中产生的一种宗教崇拜形式。它产生在氏族形成的过程中，原始人对于氏族的起源不能给予解释，就相信人与某种动物或植物间，甚至人与自然现象之间，存在某种特殊的关联。幻想着自己于某种动物或植物有着亲属关系。认为氏族成员都起源于某种动物或植物，因此把这种动物，植物当作自己的祖先，保护神和标志加以崇拜，并用图腾作为氏族的象征，马克思说："图腾一词表示氏族的标志和符号。例如狼是狼氏族的图腾，斯库尔克拉夫特根据着一点就以"图腾组织"来表示氏族组织"马克思还说："印第安人的"许多氏族中和某摩其人种一样流行着一种传说，根据这传说，他们第一个祖先是转换成为男人和女人的动物或无生物。他们就成为氏族的象征（图腾），他们说他们死后将再度变成熊、鹿等等。”⑥在北美印第安人的方言中，“图腾”，这个词的原意是，“它的族类”或“他的亲属族”。图腾崇拜带有世界性，各大洲几乎都有，有关调查材料表明，在澳州图腾有动物，植物，也有非动物，植物的。如云霜，月，日，虹，风，雾，烟，水等等。各个部落都有自己的图腾体系。一个部落内的氏族图腾非常之多。多至几十，几百。在美州，一个部落所包括的氏族图腾，一般都在十个以上。恩格斯说：“摩尔根举出易落魂人的氏族，特别是赛纳卡部落的氏族，作为这种原始氏族的古典形式，这部落内有八个氏族，都是以动物的名称命名即狼、熊、海狸等等。”⑦这样各氏族分别以命名的动物当作神化了的祖先。印第安人在每一村落的入口处，都树立着高达三十多尺的图腾柱，每一个出口都画有图腾标记，易落魁人还把图腾动物的皮盖在屋顶上，在澳洲如果对一个属于袋鼠图腾的氏族成员讲到袋鼠时，他就会说：“那是我的兄弟”，或者说：“那是我的肉。”古代埃及各氏族的护符，多多采用本氏族的图腾标记。狮、豹、羚羊、兔、牡牛、犬等等。希腊的阿喀亭人以为熊为其族名，古代“雅典的少女在举行熊礼拜时要披上熊皮”，并且称为雌熊等等这便是古希腊图腾崇拜的痕迹。不列颠岛上的凯尔德族禁食猫和兔的原因，也是由于图腾崇拜。我国也曾有过图腾崇拜，汉族古籍《毛诗·商颂》中的“天命玄鸟，降而生商”，并且，郭沫若主编的《中国史稿》中写到：“传说黄帝号有熊氏，又号轩辕氏，这显然是把北方许多氏族部落的想象祖先集中到所谓黄帝头上了，相传，黄帝同炎帝作战时，曾经训练熊、鹿和虎等六种野兽参加战斗，这实际上是以野兽命名的六个氏族，共同组成一个部落，黄帝为熊氏，说明熊氏族在这个部落中居于首位。”⑧

我们藏族也有类似的记载，如《新唐书·吐蕃传》中记载：“重鬼右巫，事羝为大神”。羝是一种高原上的羊，肉可以食，皮可以衣，毛可以编织，又是良好的运载工具。在以畜牧业为主的游牧社会里，一些与人们生活关系密切的动物被当着神来崇拜，并把它作为自己的图腾，是情理之中的事。在古代的彝文典籍记载，彝族在原始时代有过图腾崇拜，凉山彝文经典《勤俄特衣雪子十二支》说，人类和草、树木、藤子、青蛙、蛇、熊和猴等动、植物都源于雪，都是红雪的子孙等等。而居住在西藏南部森林地带的珞巴族的先民们认为，人类自身与自然界中的某些动物、植物和生物有着神秘的血缘关系，并把它们看作自己的祖先，苏龙、博噶尔和崩加等部落中就有虎、豹、野牛、猪、狗等动物和太阳、月亮和星星等自然物，这些图腾分别属于动、植物自然现象并珞巴族的经济生活有着密切的联系。布朗族的图腾是竹鼠和癞蛤蟆等小动物。在布朗山青曼峨一带的布朗人崇拜竹鼠，他们认为竹鼠代表祖先的灵魂。当竹鼠爬出洞时，人们要远远避开，谁也不敢害它，认为那样做会冒犯祖先的神灵，会导致自己或亲人的重病或死亡，正如摩尔根说：“在美洲各地的土著中间，几乎每一个氏族都以一种动物、植物或其它自然物来作为本氏族的微号和名称，这是一个氏族区别于另一氏族的特殊标志，在进入父系社会之前，罗马和希腊的氏族也是以动物或无生物命名的”，⑨因此图腾是氏族的象征。

（2）图腾氏族的产物

众所周知，人类的意识是由古猿的意识发展而来的。形成中的人由使用天然工具进而学习制造工具，这就意味着人的意识已经开始产生了，并且随着劳动和语言的发展，也推动了脑髓感官以及意识的发展，形成中的人劳动，虽然是从本能开始的，但语言和意识一经发生，有目的的因素就会逐渐增多起来，本能的因素相对地就会逐渐减少。当形成中的人，对于工具有了一定的认识了解到工具的作用及其对自己生活的关系，从而按照自己的意愿尝试，制造工具的时候本能的意识发生了质的变化，于是开始有了人类的认识，这便是人类所特有的自觉能动性，它使人对自然界的关系与动物对自然界的关系具有根本不同的性质。并且到了旧石器晚期，人类在体质上发生了更大的变化，猿人时期在体质上的原始性这时已经完全消失，从而由猿人进化到了新人，即成了现代人类，又由于长期食肉和熟食的关系，因此新人头部的大脑的结构也更加复杂化和完善化了，大脑的发展必然增强人们的思维能力，从而思维意识也会随之发展起来，生产的发展势必引起生产关系的变化，从血缘家庭阶段人们虽然已经有了自己的社会组织形式，但不大可能是严密的和牢固的，到了旧石器晚期，渔猎成了主要的生活部门，这种生活本身要求生产者具有一种严密和牢固的生产组织形式，也只有这样才能有效地进行狩猎活动和保护自己的安全。同时，由于人们在长期的婚姻生活中逐渐察觉到同辈血族相婚的某些弊病，因此婚姻制度也逐渐由血缘改变成一集团的一群兄弟和另一集团的一群姐妹婚配，这是一个意义大的转变。恩格斯说："这一进步的影响有多么强大，可以由氏族的建立来作证明。氏族就是由这一进步直接引起的它形成了地球上即使不是所有的也是多数的野蛮氏族的社会制度的基础。"⑩由原始人类的血缘家族组织发展成为氏族是原始社会时期生产关系和社会组织方面的一个重大的变化。我们知道,氏族是一种稳定的严密的在本氏族内彼此不能通婚的血缘集团。氏族都实行外婚制,同一氏族的成员不得相互婚配,一氏族的男女必须到另一氏族中寻找配偶。又如恩格斯说:"这是氏族的根本规则,维系氏族的纽带,这是极其肯定的,血缘亲属关系的否定表现,赖有这种血缘亲属关系。它所联合起来的个人成为一个氏族。"⑪尤其是,氏族组织不仅是一个氏族血缘共同体,也是一个经济共同体。氏族的财产归全氏族共同所有,人们都在自己的氏族内共同劳动,共同生活,彼此团结友爱,亲密无间,共同血缘纽带把同一氏族的成员都结成了一个统一整体,这种氏族组织在职能方面几乎也是无所不包的,不但经济生活由同氏族共同进行,而且上层建筑方面的一切活动也是氏族成员的一切活动,又都离不开自己的氏族。同一氏族的人不仅在有生之年共同生活,死了以后也要埋葬在一个共同的氏族墓地之中。因为他们相信,人们死了以后到另一个世界。也同样以氏族为单位,进行活动的。由此可知,在氏族社会时期人们都被氏族血缘纽带紧紧地连在一起。他们的血缘观极其强烈,在日常生活中起着决定性的支配作用,他们都相信同一氏族的人是最亲密的。本氏族的人血缘上与外族是不同的。因为各自属于不同的祖先,所以在他们看来,自己氏族的人同外氏族的人也是不同的。这种强烈的血缘观念,必须要求每一个氏族都有一个标明本氏族的一切成员区别于其他氏族成员的特殊象征。而最能标明这种区别的,也是各氏族的不同祖先即氏族的人之所以区别于另一氏族的人的根本所在,在这种情况下,作为氏族象征的图腾也就自然地应运而生了。大量的事实说明，在氏族社会时期，图腾在人们的日常生活中有着广泛的作用和深刻的影响，当时人们的社交、婚姻、宗教等一系列活动都离不开图腾，在北美易洛魁人中，当不相识的人"见面的时候，首先要问的就是对方的氏族名称，其次就是该氏族的首领们直接世系，经过这种询问之后，他们可以按照他们所特有的亲属制度辨认出彼此有何种亲属关系。"⑫同时在美洲印第安人中不仅每个氏族有自己的氏族名称，而且每个氏族也都有一些只能供本氏族成员专用的个人名字，这名字其它氏族无权使用。摩尔根认为"这大概是一个普通的习俗"，⑬这些个人名字一般都与本氏族名称的图腾相关。他们也是该氏族的一种特殊的象征，当人们听到一个人的名字时，就可以确定他是属于某一氏族，某一图腾的成员，并且在某一地区之内的人们都知道某一氏族的名字就赋予他可以享受某一氏族的一切权利，同时也就必须对该氏族承担应尽的义务。可见，图腾崇拜对氏族血缘共同体的巩固和氏族成员的团结，无疑都起了积极的作用，马克思说："氏族生存和团结除了依靠血缘纽带的维系外还必须有赖于一种精神上的支柱即以群的联合力量和集体行动来弥补个体自卫能力的不足。"⑭总之，所有的图腾崇拜都无一不是和人类的起源联系在一起，无一不是认为崇拜者是从其崇拜的对象中生出来，因此，我们可以说图腾崇拜的产生是和人类的生产紧密相连的，它是人类最初的宗教形式之一。

（二）巫术

利用虚构的"超自然的力量"来实现某种愿望的法术。它大概出现在原始社会氏族的社会阶段。当人们对人本身以及人以外的自然还处于蒙昧状态时，便容易产生出人与自然存在着某种神秘的联系的错误观念，幻想人可以通过某种方式达到影响自然以及其他人的目的。它是一套歪曲的，虚妄的信仰，相信自然界中普遍存在着神秘的不可见的影响。反过来，人也可能对自然界发生不可见的影响，最后，人对人也可能发生同样的影响，在这种虚幻信念的基础上，产生了各种各样关于超自然力量的迷惘概念。于是，原始人认为，只要采用相应的方法和手段，就可能按照自己的意愿去影响自然或影响别人，例如为了祈祷下雨，他们就被散开自己的头发，为了报仇，他们就用矛利在敌人的足迹上。

（三）自然崇拜

恩格斯说："自然起初是作为一种完全异己的，有无限威力的和不可制服的力量与人们对立的。人们同它的关系完全象动物同它的关系一样。人们就象牲畜一样服从它的权利，因而这是对自然界的一种纯粹动物式的意识。"⑮随着时间的推移，再社会实践的过程中，原始人也逐渐积累了经验，认识到巫术在许多场合并不能产生预期的效果。他们开始了解到世间还存在着一种不受人们控制的力量。当时人们对自然界的斗争仍旧软弱无力、饥饿、寒冷、疾病。猛兽夭折等灾难时刻威胁着人们的生命安全。原始人对这些自然物或自然现象又恐惧，又抱着某种希望，幻想能有一种强大的超人的，神奇的力量控制着自然界，他们能给人类带来幸福的自然界和自然现象当做善神，把经常威胁人们生存的自然物和自然现象当作魔鬼，他们对于赐福的善神顶礼膜拜，长赞美歌或把丰收的成果实用做祭祀品来供奉，对于严魔也供奉牺牲。以求宽容逃避更大的灾祸。恩格斯说："人们还处在野蛮时代低级阶段时，所以还不知道具体的造像，即所谓的造像，这是一种正象多神教发展的对大自然和自然力量的崇拜。”⑯在大自然中，为原始人普遍崇拜的对象有地神天体、岩石、河流、水和火等，由于对大自然界的不理解，既依赖它，又恐惧它，终于还要求它，拜倒在它们的脚下，并以念咒舞蹈，祭祀等形式来影响自然物或取悦与他们或吓唬他们，但更多的是为了缓和人同这些自然物之间的矛盾，希望通过祈祷来保证丰收和牲畜繁殖，随着畜牧业和农业的发展，情况有了变化，土地在这时便具有了重大的意义，人们从森林走向草原，由原始的狩猎业过度到畜牧业。牧草的是否繁盛，就不在是无足轻重的事，同样土地的是否肥沃，也关系到农业民族所从事的农业是否能得到好的启成，这样土地神的崇拜和祭祀便逐渐盛行起来。

天空中最引人注意和经常影响人们生活的是太阳，太阳每天在空中东升西落，其光芒万丈，耀眼眩目，在寒冷时给人类送来温暖，又能使万物生长，但是有时却使人苦于炎热的照射造成河中失水，土地旱裂，植物干枯，人畜受害，由于太阳的性能对人类生活有很大的影响力，所以世界各国的古代宗教都有太阳的崇拜。

在南美洲的有些土著民族，以为使植物生长的不是太阳，而是月亮，他们以为是月亮的柔和光线带来凉爽和露水，并有滋润人畜，促进植物生成的神性。古代埃及人为感谢月神给人类夜间以光明和计算时月的方便而崇拜月亮，因此对月亮的崇拜也是较普遍的现象。人们也崇拜星星，因为它布满广阔的天空，数量多，有的星座时隐时现，要数也无法数清，并光辉色泽复杂，变幻难测。流星、彗星的出现，银河的移动，陨石坠地，还有雨、风、雷和云等的崇拜，那些世世代代生活在深山密林中的人们，到处可以遇到高耸的山峰，倒悬的峭壁，阴森的山洞,但并不理解这些自然物是如何形成的,在空广的深山中强的回音,由于气流的运动而出现的幻影,更是神秘不可促摸,因此,深山不仅创造了奇形怪状的地形地物,而且主宰着山中的一切禽兽,所以原始人也极为崇拜山,还有原始人的生活中,火是不可缺少的自然力,首先是利用自然火源,在发明摩擦取火以后,火就成为原始人熟食和取暖之源,另一方面,火又是一种可怕的力量,无论什么东西被野火吞噬进去,便即刻化为灰烬。因而,火成为一种具有特殊力量的神,还有水是所有生物不可缺少的东西,它的巨大功能和危害,使原始人把它视作为有精灵的神秘力量,加以崇拜,但是起先崇拜的是具体的河神,井神等等。地神崇拜是原始宗教中的最普遍的一种现象 ,原始人看到土地是一切东西的负载者,认为它大无边际、力无穷,特别是土地滋长着万物,在原始人头脑中更加产生各种幻想,认识到没有土地,人就无法生存,因此,中国古代和古希腊神话中都把地称为"地母"举行各种土地崇拜的仪式,在游猎生活的条件下,野兽是主要的生产对象,人们以兽肉为食,兽皮为衣,一切取之于野生物与土地,但狩猎业是一种索取自然现成果实的极不稳定的生产部门,尤其用原始的石器等极其简陋的工具猎取野兽,这是十分艰难的,猛兽的侵袭,对于原始人是一种致命的威胁,人们对于野兽,处在既是依赖又是对立的矛盾状态中。如恩格斯说:"人在自己的发展中得到其它实体的支持,但这些实体不是高级实体,不是天使,而是低级的实体,是动物,由此产生了动物崇拜。"⑰总之,自然崇拜是原始人们对自然处于软弱无力的一种虚幻的反映,由于生产力水平极低,人类对改造自然,依赖自然,向自然斗争的能力十分软弱, 从而产生出对自然神的信仰,正如列宁说:“由于原始人没有力量同大自然搏斗,因而就产生出对上帝、魔鬼、奇迹的信仰。”⑱

(四)灵魂崇拜

普列汉诺夫说:“灵是什么?从哪里获得关于灵的观念?梦境,昏迷死亡按照原始人的理解世界是灵的王国,唯灵魂论是原始的哲学,野蛮人的世界观”。⑲恩格斯说:“既然灵魂在人死时离开肉体而继续活着,那么就没有任何理由设想它本身还会死亡。这样就产生了灵魂不灭的观念。”⑳原始宗教在自然崇拜方面的进一步发展,表现在万物有灵论的产生。起初,原始人认为人和自然都是有生灵的一个混纯部分的观念,到了后来又开始了分化,于是人们有了灵魂和肉体的观念。有了灵魂和肉体分离的观念,有了灵魂可以单独存在的观念。起初人们为了灵魂是物质的灵魂,赋予他以物质的形态。把它同气息,阴影等看成一样,灵魂在人的肉体内还有一定的归宿处,灵魂被看作是生命的体现物,呼吸停止了,灵魂就走开了,生命也就停止了,眼睛只是灵魂暂时离开肉体的一种活动。人在睡梦中见到一个生活在远地的或已死的熟人,就认为那个人的灵魂出现了,正如恩格斯说:“在远古时代人们还完全不知道自己身体的构造,并且受梦中景象的影响,于是产生了一种观念,他们的思维和感觉不是他们身体的活动,而是一种独特的,寓于这个身体之中而在人死亡时就离开身体的灵魂活动,从这个时候起,人们不得不思考这种灵魂的外部世界的关系,这种观念在那个发展阶段上决不是一种安慰,而是一种不可抗拒的命运,并且往往是一种真正的不幸,例如在希腊人那里就是这样。”㉑ 到了以后人们便错误地认为,人死了以后灵魂会离开肉体而继续活动,还能够到另一个世界去过人世间的生活，同时又产生了一种观念，认为自然或自然现象各有独自的灵魂，这些灵魂被转化为无形的精灵，这种代表着自然界的精灵很多，诸如土地，森林、山水和房屋等等。

（五）祖先崇拜

祖先崇拜是母系氏族时代产生的一种原始社会形式，其崇拜的对象起初是母系已故长老的灵魂，继而是父系长者的亡灵，母系氏族社会经过了漫长的发展过程，在新石器时代便进入了他的繁荣阶段，这一历史阶段在各个方面都取得了巨大的成就，石器的制作发明了磨制法，同时还发明了制陶和编织技术，那时原始人在群婚制的条件下，子女只知生母，不知生父，人们的血缘关系只能从母系方面来确定，也就是说人们只能承认母系并按照母系来划分氏族，在母系氏族时期，原始公社制度达到了全盛时代，妇女在生产中起重要作用，采集发展起来的原始农业生产都由他们来担当，她们被认为是生产的主人，那时，男子外出渔猎，由于工具简陋，猎获很不稳定，而妇女从事的原始农业，则相对化能够提供比较可靠的食物，具有重要的意义，妇女担负家务，如制作食物编制衣服，养育后代等都是直接为全体氏族成员服务的社会劳动，对于维系整个氏族集团起着重要的作用，因此妇女处于受尊敬的地位，经常被选为氏族的主持者和领导者这些重大的变化必然要反映到上层建筑领域来，尤其当时由于血缘按照母系计算和人们血祖观念的强烈，特别是由于母系 = 家族的范围是同一家族的成员共同劳动，共同生活，所以他们之间的血族观念就变的更加直接和亲密，并且还由于在这种共同体内，女性家族及其女性长者有更多的机会来抚养和照管自己家族的子女也就是这样，他们对自己的母系家族中的女性长者更加亲切和尊敬，在她们死去之后也会受到后代的崇拜，就在这样的情况之下，在母系氏族社会的中晚期，随着人格化的神的开始出现一种新的宗教意识即祖先崇拜便开始产生出来。这种对物的崇拜开始转变为对人的崇拜，是原始社会时期意识形态领域内的又一个飞跃。祖先崇拜是在新型的生产关系，所产生的新的上层建筑，随着社会生产和氏族制度的发展，氏族对亲属间禁婚的规定日益复杂，出现了夫妇关系比较固定。男女双方有了主要配偶的"对偶家庭"在对偶家庭中子女即能够确定生母，也能够确定生父了，原始农业，畜牧业和手工业的发展使生产有了新的劳动分工，原来从事渔猎的男子，不仅驯养和照管畜群，而且大力从事农业劳动，逐渐代替妇女成为主要的农业生产者，这时，男子掌握了主要的生产资料和社会地位不断提高，而妇女则被逐渐排挤出社会生产的主要部门，专门从事原始手工业的和一些家务，并由于通婚范围的不断缩小，家务劳动日益失去它的社会性。妇女们的社会地位便逐步下降，在生产不断发展和家庭则富的不断增多的情况下，男子取得了对劳动产品的支配权并在家庭里占据了比妇女更为重要的地位。经过这一巨大的变化，于是，在对偶家庭中就由母系为主逐渐转变到父系为主，男子成了父系氏族社会的首领和指挥着就这样，随着母系氏族社会发展为父系氏族社会，并且由于在家庭公社中父权制的进一步发展，祖先崇拜也迅速发展起来，由起先对女性祖先的崇拜，随后又逐渐转化成为对男性祖先的崇拜，以上就是祖先崇拜的历史条件，随着物有灵的发展，改变了人们对死亡以及对死者的看法和态度。起初死亡被认作是不醒的睡眼，也就是经常所说的"长眠不起"，生者对于"入眠的亲人"加以照顾。

但尸体腐烂，原始人对这个问题困惑不解，由此产生了对死者供奉食品或安放旧器物，并把埋在地下原始人认为死亡只是肉体存在的终结，但是灵魂仍然不死，需要继续照顾，于是，又产生了一系列的新的观念诸如天堂地狱之类，如丧葬仪式在一些氏族内部逐渐形成了对那些过去作过重大贡献的已故成员（如氏族首领勇士等等）举行追悼，祭奠，安葬等礼仪，以表示敬意用宗教的活动来对他们歌功颂德，他们认为这些人物是非凡的，生前有力量，死后灵魂也强大，他能够保佑自己的氏族成员不仅如此，祖先的灵魂是固定的，长期崇拜的对象。其祭祀形式一般也是比较重的，例如：在我国汉族居民里，亲族的人死了以后四十九日内要分七个“七”进行祭奠，以后每年还要进行祭祀，在欧洲很多民族极力用各种仪式和祭品来取悦于自己的祖先，安慰已故的祖先的灵魂，想从那里获得对经营事业的帮助，在东正的圣诞节中，直到现在还保留着诸如斯拉夫人纪念祖先神灵的宗教仪式，祖先崇拜使原始宗教发展到一个新的阶段，它使人们崇拜对象由大自然回到了人间，用虚幻颠倒的形式表现了人和自然斗争中的地位的加强突出了人的个性，因而便有了现代宗教的萌芽因素。

四，原始宗教反映原始社会的某些现实

（一）原始多神教

原始氏族的社会发展到后期，原始宗教便由自然宗教进化为多神教，当时每个氏族，部落都有自己的庇护神，借以维系自身的团结，因此出现了许许多多的神，诸神之间没有高低尊卑之分，他们被人们“一视同仁”他当作偶像膜拜和祈祷，因此，崇拜诸神是多神教的一个基本特点，在原始氏族社会中，没有阶级区分和财产上的不平等。人们过的是氏族生活，

正如恩格斯说："原始氏族社会的前提是生产极不发达，广大地区的人口极度稀少，因此，人类差不多完全受着陌生的对立的不可理解的外部大自然的支配着也就反映在幼稚的宗教观念中。"㉒部落始终是人们的界限，无论对别一部落的人来说或者是对他们自己来说都是如此，部落氏族 及其制度都是神圣不可侵犯的，都是自然所赋予的最高权力，个人在思想感情，思想和行动上始终是无条件服从的。这种氏族公社的集体生活和人们之间的平等关系，决定原始宗教的集体性全民性，那时侯人们没有把神灵分为低级和高级的，只是将它们否定为本部落的神和他部落的神，重大事件和气象、灾异收成、征战等，要进行宗教活动，企图从神灵那里得到吉凶祸福的预示，或祈求援助，这些都以集体的名义，由酋长、祭司指挥部落或氏族的行为，为了部落遇到疾病，灾害需要祈求神灵可以由个人或通过祭司的协助搞简单的宗教仪式，原始宗教的集体和个人两种宗教活动，都说明了氏族成员全都具有与神灵发生关系的平等权利，目的都是为了巩固原始氏族社会制度，原始宗教的神职人员，氏族成员推选产生虽然被当作人间与神灵的中介者，但是他们没有任何特殊的报酬，从信仰内容来看，人们认为神灵对每个人都是平等惩罚。保佑并因人而异，原始宗教中的这些平等和民主观念，是氏族内部的平等和民主关系的反映，总之，原始的神脱胎于原始的人对神的礼赞也是对人的崇拜，例如，在原始人所想象的那种神灵世界中，尚无高等神和低等神之分，这是原始社会现实生活中还没有阶级划分和财产差别现象的反映，现实世界中的人是平等的，似乎神灵世界中的神也是平等的，还没有出现唯一的一个最高的神灵。

（二）一神教

随着生产力的发展，劳动生产率的提高，以及社会财富的积累，氏族集团开始分化出一个一个的“家庭”，发生了分配氏族公共财产现象的私有制。同时，社会分工也日益细致，没有阶级的氏族社会崩溃了，以奴隶对立的奴隶社会出现了，战争中的俘虏已不象过去那样被杀掉，而被充为奴隶，在人们意识形态里，平等观念已消逝，私有制观念被确立并巩固下来。就在这种原始氏族公社制的解体过程中，原始宗教逐渐变成奴隶主阶级宗教，被一神所代替。恩格斯说：“在更进一步发展阶段上，许多神的全部自然属性和社会属性都转移到一个万能的神身上，而这个神本身又是抽象的人的反映，这样就产生了一神教。”㉓

随着私有制的产生，原来人民的公仆成为酋长，军事指挥者祭司等变成了奴隶主，成为人民的压迫者，这些奴隶主为了巩固统治，不仅掌握了政权，而且也垄断了神权，采用欺骗和伪造历史等办法来改造原始宗教，他们首先以世袭代替了氏族公社选举制度，扩大在经济，政治的领域中的权力，祭祀司等由原来普通的神与人的中介者，变成了半人半神，神灵的权威和作用转移到他们的身上，各种宗教活动只有依赖他们才能进行，欺骗人们并不断地增强宗教的神秘主义色彩，把原来部落氏族的共同神，变成了奴隶主保护神，逐渐取消了一般人直接接近神灵的权力。另外社会上阶级的分化也带来了原始宗教诸神的分化，有的神升级为高于众神的大神，有的变成了大神的属下神，有的神被人遗弃了，在原始宗教里日神、月神、山神和水神的诸神灵，各占其位，各负其责，谁也管不了谁，谁也不比谁大，人世间发生了阶级分化和财产权力的争夺以后，人们也把这一过程移入幻想的神灵世界，诸神之间也进行了权力和职能的兼并，出现了高低、大小之分。那种引起特别强烈的恐惧并对经济和社会生活具有特别重要意义的自然界神灵，就成为最高的神，如太阳神在原始宗教里它只具有给人类光明和温暖的权威到奴隶社会里。一些国家把太阳神抬到至高无上的地位，有的奉为社会的主神或具有广泛职能的高级神。如日本称太阳神为“天照太神”国王成了太阳的儿子，我国商朝奴隶主贵族创造了至高无上的国家神—上帝把国家的兴亡，人间的祸福征战的胜败，以及自然界的变化归于上帝的意志。其它神灵都成了接受上帝的分工，受上帝控制的属下神，原始宗教崇拜的神是自然界的异己力量阶级社会的宗教所崇拜的主要是社会的异己力量，因为阶级矛盾的出现和阶级斗争的发展，当时的人们不可能理解它，总感到社会上存在一种人们自己不能左右的力量在左右着社会的命运和个人的命运，于是人们设想有高级神灵的存在，在监视着支配着人间的一切在社会广阔领域里，有着无限的权威，奴隶主崇拜这种高级神灵，是为了顺顺当当地对奴隶进行权役和驱使，在奴隶主混战中成为胜利者，奴隶们崇拜这种高级神灵，希望把摆脱奴役的处境，改变社会地位，这就是一神教增加社会属性，给神灵以新的社会职能的客观条件，从奴隶主阶级本身来看，原始宗教的神灵所具备的浓厚的自然属性，不能起到精神麻醉的作用，因此从主观上要给神灵增加更多的社会属性，把自然神为人格化的社会神，这种对宗教上的人为的改造，使神灵远离自然界，少带些自然物的外壳，并使神灵进一步人格化，抽象化和道德化。恩格斯说：“没有统一的君主就决不会出现统一的神，至于神的统一性不过是统一的东方制君主的反映，元非那个神支配着形形色色的自然现象，联合着各种互相的对抗的自然力，而这个君主在表面上或实际上联合着利益冲突，彼此敌对的人 ……”㉔一神教是阶级社会的一种意识形态，进入阶级社会以后，在阶级压迫的国家里出现了国王这一最高统治者，为了维护专制君主的最高权威，反映在意识形态上，便产生一个统一的独一无二的神主，天上独一无二的神主无非是地上专制君主的化身，因此它是人们把专制君主的观念推广到整个宇宙的结果。

注释：

①《马克思恩格斯选集》第 3 卷，第 354 – 355 页。

②《马克思恩格斯选集》第 4 卷，第 250 页，人民出版社，1972 年版。

③《马克思恩格斯全集》第 21 卷，第 316 页。

④《哲学笔记》列宁，第 339 页，人民出版社，1956 年版。

⑤《马克思恩格斯全集》第 21 卷，第 348 页。

⑥马克思《摩尔根，“古代社会”一书摘要》，第 134、143、144 页。

⑦《马克思恩格斯选集》第 4 卷，第 81 页。

⑧《中国史搞》郭沫若主编，第 1 册，第 118 页。

⑨《古代社会》摩尔根著，商务印书馆，1977 年版，第 291 页。

⑩《马克思恩格斯选集》第 4 卷，第 33 页，人民出版社，1972 年版。

⑪《古代社会》摩尔根著，商务印书馆，1977 年版，第 130 页。

⑫《古代社会》摩尔根著，商务印书馆，1977 年版，第 164－165 页。
⑬《马克思恩格斯选集》第 4 卷，第 29 页。
⑭《马克思恩格斯全集》第 3 卷，第 35 页。
⑮《马克思恩格斯选集》第 4 卷，第 88 页。
⑯《马克思恩格斯全集》第 27 卷，第 63 页。
⑰《列宁全集》第 10 卷，第 62 页。
⑱《普列汉诺夫哲学著作选集》第 3 卷，第 391 页。
⑲《马克思恩格斯选集》第 4 卷，第 220 页。
⑳《马克思恩格斯选集》第 4 卷，第 219－220 页。
㉑《马克思恩格斯选集》第 3 卷，第 355 页。
㉒《马克思恩格斯全集》第 27 卷，第 65－66 页。

试析在西藏如何依法加强寺庙管理和建立正常宗教秩序

一九九五年五月，区党委作出了在全区范围内，对寺庙进行爱国主义教育，建立正常秩序的重大决策。寺教工作是全面、正确、深入地贯彻党的民族宗教政策的一个重要措施，是有力地开展反分裂斗争，维护祖国统一，维护政治稳定和民族团结的有效途径。三年来根据区党委的统一部署、高度重视、精心安排。经过各级爱教办扎实深入、卓有成效的工作，建立健全了各项规章制度，寺教工作取得了很大的成就。

当前，寺庙基本稳定，爱国爱教的正气占了上风，基本上达到了区党委的要求。但是，巩固寺教成果，同境内外分裂主义势力作坚决的斗争，是一项长期、艰巨、繁重的任务，决不是一朝一夕能够解决的问题。因此，一如既往地依法加强管理宗教事务是一项长期而艰巨的工作。为了巩固已取得的成果，全面正确地贯彻党的宗教政策，进一步依法加强对宗教事务的管理，积极引导宗教与社会主义社会相适应。特提出如下存在的问题及其解决这些问题的粗浅对策和建议。

一、寺庙管理方面存在的问题

（一）、依法管理寺庙。在西藏依法加强寺庙管理是十分重要的大事，不少寺庙存在着与社会主义社会不相适应的问题，对寺庙僧尼进行法制宣传教育等方面仍存在着很多薄弱环节，这已经成了影响我区稳定的主要因素。尤其是，在一段时间内，对此项工作抓得不够紧，法制管理工作没有跟上，致使部分僧尼目中无法，利用西藏特殊的宗教氛围及广大信徒们的宗教虔诚，破坏正常的宗教秩序。

（二）、民管会成员。很多寺庙的民管会没有发挥其应起的作用，只是一个徒有虚名的摆设，有的寺庙甚至形成了两套班子，掌握实权的是一套，应付政府的又是一套。有些寺庙的民管会成员互不团结，以权谋私，唯利是图，办事不公道，对普通僧人不关心，僧众怨声载道，据调查，有些寺庙的民管会成员为了个人名誉、地位和财产，互相间你争我斗，年纪大的压制年轻的，年轻有为的又不服气，并普遍存在着，在政府宗教部门的干部面前阿谀奉承，可在普通僧众面前却高高在上，专横跋扈，把寺庙搞得很乱，影响极坏。有的民管会成员能力不强，佛学造诣不深、整体素质普遍低下，没有威望，并且年龄偏大，思想僵化，观念落伍，不能适应当前寺庙建设的需要。

（三）、属地管理。在寺庙认真落实属地管理原则势在必行，各地、市、县、乡等认真贯彻、落实属地管理原则方面存在着不少问题，诸如对宗教事务和寺庙不敢管、不善管、不愿管，甚至出现有的基层组织的党政事务受制于寺庙、听命于活佛，让位于宗教的被动局面。

（四）、滥建寺庙，乱收僧尼。近年来，滥建寺庙、乱收僧尼的现象较多，政府在这方面的立法和管理工作没有跟上，致使一些地方打着群众旗号，以开发旅游景点、保护名胜古迹、发展经济为由，滥建寺庙，乱收僧尼。没有章程，没有手续，民管会睁一只眼闭一只眼，一些寺庙的人员编制已超过规定的数目，造成了僧尼量多质差。很多僧尼的素质更不容乐观，一部分僧人虽能把经文倒背如流，却难解其精义。

（五）、文物管理。有的寺庙文物管理方面存在严重漏洞，近些年来文物丢失现象越来越多。许多珍贵文物被盗，很多寺庙文物丢失案件频繁出现，其中的不少是国家级，自治区级稀有珍品，有的找回，有的没有找回，据调查，色拉寺和哲蚌寺自八七年以来共发生文物丢失案十六起，其中仅色拉寺丢失国家一、二级文物案六起，哲蚌寺丢失镇寺之宝右旋海螺法号未能找回，给国家和民族造成了不可弥补的损失。

（六）、财务管理。有的寺庙财务管理比较混乱，寺内各项开支没有明细帐目。每年的收入和支出，谁也说不清。所有开支，均由民管会成员中少数人说了算。经济民主的观念十分淡薄，严重影响了正常的经济、生活秩序和寺庙自身的利益及发展。

二、僧尼管理方面存在的问题

（一）、普通僧尼。在西藏有的寺庙管理机构和规章制度很不健全，管理十分混乱，僧不像僧，寺不像寺，戒律松弛，教风不正，不法行为比比皆是，例如，有些寺的僧人及其周围的百姓，除了农忙的时间外，均在外地到处要饭、要钱财，返回后，互相攀比，挥霍一空，成了人人皆知的丑事。有的僧尼由于认识模糊，因而被分裂主义分子所利用，造成了极坏的影响，干扰了国家、社会的正常秩序和广大人民群众的正常生活。

（二）、修行僧尼。由于近年来西藏各地修行僧尼比较多，且流动性大，情况也相当复杂，不仅地域跨度极大，而且修行时间各异，短的仅几个月，长的达几十年。有的修行人员违背教义教规，以修行作掩饰，随意外出讲经布道，传播封建迷信，向群众勒索钱财。例如，山南地区扎朗县桑叶乡钦布寺周围的很多外地修行僧人到处飘荡算卦，不仅向群众灌输迷信思想，而且诈取钱财等。给正常的宗教管理和社会稳定工作带来了诸多问题，管理难度相当大，尤其值得注意的是，至今对修行僧尼还没有一整套行之有效的管理办法，随着全区宗教管理工作的不断深入和进一步正常化，结合西藏的实际情况，对修行僧尼制定有效的管理办法势在必行。

（三）、流散僧尼。在社会上有许多不三不四的流散僧尼，他们到处招摇撞骗，有的披着宗教外衣，到处装神弄鬼，有的还借高僧之名进行非法宗教活动，利用欺诈手段骗取农牧民的钱物，敲诈勒索，影响极坏，据调查，在阿里地区，来自康区的有些僧人借活佛和高僧之名，到处招摇撞骗，欺诈常年累月生活在偏僻山沟里的牧民，致使他们上当受骗，造成了很大的损失，影响了正常的生产生活秩序，破坏了社会安定，加重了广大群众的经济负担。

（四）、自食其力，生产自救。在西藏为数不少的僧尼脱离生产劳动，只是热衷于依赖神佛度生，诸如，在俗人家中遇到任何不幸，便举行讽诵经忏的宗教仪式或讽诵佛教经卷而收受财物等，拜忏、求签、化缘、乞讨、祈福禳灾之风盛行，并以此作为唯一的生活来源。有的僧尼，观念陈旧，经营不善，生产搞得不好。有些劳动力强的僧尼，看到自己劳动所得要养活那么多年老体弱的僧尼，觉得不胜负担，因此影响到他们的积极性。另有一些僧尼却怕吃苦、怕劳动，因而到处流动，不安心生产。有的公然表示，不愿意参加生产劳动，要到人口密集的城市靠香金、施食维持生活。

一、如何加强对寺庙的依法管理

（一）、依法加强管理寺庙的重要性。在西藏进行依法加强管理寺庙已成当务之急，寺庙必须接受政府的依法管理。所谓的依法管理，就是对寺庙进行严格的机构建设及建立一整套健全制度。在我区无论何处决不能有法律的禁区，更不能有超越宪法和法律活动的特殊人群。寺庙里的僧尼是我国的公民，公民在法律面前一律平等，享受权利平等，承担义务也平等，平等地受法律保护，同样平等地遵守法律。僧尼们作为教职人员，享受着宪法赋予宗教信仰自由的权利，同时必须认真履行宪法和法律规定的义务，必须进行正常的宗教活动，维护正常的宗教秩序，不允许任何寺庙里的任何僧尼利用宗教进行破坏社会秩序、损害其他公民的利益，妨碍国家行政、司法及教育等。因此，各级政府应对寺庙内的僧尼进行行之有效的管理，把寺庙管理积极纳入到社会主义法律、法规和政策范围内，在保障正常的宗教活动的同时，依法打击一切在宗教外衣掩盖下的违法犯罪活动，更好的为社会主义两个文明建设服务。同时，为切实加强政府对寺庙的管理，从根本上改变寺庙的无政府状态，必须依法加强管理好寺庙，建立健全民管会体制，要下决心依法加强对寺庙僧尼进行法制宣传教育工作。这是对寺庙和僧尼的关心和爱护，更是依法加强管理寺庙的重大举措。只有让广大的僧尼们掌握了法律知识，增强了法制观念，遵规守法，依法管理寺庙工作才会走上法制轨道，才会逐步建立起与社会主义社会相适应的寺庙管理秩序。

（二）、在寺庙民管会成员应成为坚强有力、高素质的领导者。加强寺庙民管会建设是建立正常宗教秩序的前提和基础，西藏自民主改革以来对所有的寺庙实行了民主管理，建立了行之有效的民管会制度，全寺僧尼大会是寺庙的最高管理组织，民管会是其执行组织。当前，在全西藏范围内，必须加大对寺庙管理工作的力度，建立健全各项规章制度，整顿寺庙民管会班子，对民管会成员，进行逐一审查，严格把关。通过个别了解、民主推荐、选举等方式，在全寺僧尼中物色，拥护党的领导和社会主义制度，维护祖国统一和民族团结，能正确、认真地贯彻执行党的宗教政策和其它法律、法规，具有一定威信，具备一定的组织管理才能，办事公道正派，热爱寺庙，热爱文物珍宝，具有一定威望的僧尼，并经全面考察认为符合条件者，选进民管会成员，使寺庙的领导权真正掌握在爱国守法、拥护改革开放、拥护社会主义制度的民管会成员手中，使寺庙管理工作走上正常轨道。

为了使寺庙能够成为从事正常佛事活动和继承、弘扬佛教优秀文化的场所，各级政府要认真抓好民管会成员的佛学知识和佛学经典的学习，让他们自觉加强佛学理论学习，精研佛典教义，逐步提高他们的佛学造诣。首先，要把民管会班子培训工作落到实处，从自治区到各地县统战、民宗部门每年都要制定民管会培训计划，按时使民管会成员都要得到轮训，并形成制度化，逐步提高民管会整体素质。其次，抓好民管会班子内部的建设，认真落实民管会责任制坚持集体领导下的分工负责、团结协作制，齐心协力，使其成为一支坚强有力、完全可以信赖的寺庙管理队伍。再次，民管会正副主任应列席各级政府的有关会议，各级法院等司法部门每年定期到寺庙，对他们进行普法教育，不断提高他们的法治意识，若有条件，有关部门要组织民管会成员参观考察，交流经验，开拓视野。另外，作好调查工作，把寺庙按照优、良、差进行排列，以便随时掌握真情实况，调动民管会成员们的积极性，使他们起到应起的重要作用。

（三）、认真贯彻落实对寺庙的属地管理。各级政府在寺庙必须牢牢把握主导权和主动权，加强领导，进一步充实、加强各地、市、县、乡、村寺庙爱国主义教育领导小组，确定专人负责寺教工作。把对寺庙的管理纳入各级政府议事日程，纳入日常工作和社会治安综合治理范围，层层贯彻落实，层层签订目标责任制。对寺庙举办大型宗教活动和仪式坚持属地领导审批制度，并形成地、县、乡、村和群众各级各阶层的监督机制，经常研究，检查寺庙管理工作，及时解决出现的问题。做到敢管、善于管、经常管。把集中教育整顿与经常性教育管理结合起来，使寺庙置于当地政府各级组织的绝对领导之下，统一安排管理、学习检查、总结指导，每当各级干部下去检查工作时，要经常到寺庙，及时了解僧尼们的情况，教育和帮助他们提高思想认识，增强法律和法制观念，为当地的社会主义建设服务。

（四）、严格控制滥建寺庙、乱收僧尼的现象。为了建立正常的宗教秩序，减轻人民群众的负担，加快社会经济发展，促使宗教活动正常化，另外，对未经任何级别的政府批准而吸收的住寺僧尼，要耐心细致地做好本人的思想教育工作，劝其返回原籍，对那些无依无靠的老弱病残僧尼，交当地民政部门作为五保户对待。寺庙数量和僧尼编制严格按照自治区批准的定编定员总量进行控制，不准在总量外滥建寺庙，乱收僧尼，若遇特殊情况实属需要恢复开放的宗教活动场所，必须上报自治区人民政府批准。无论哪一级政府都要严格执行定编定员制度，并把总量数合理分解到各宗教活动场所，同时留有余地，各级领导和有关部门坚决依章办事，不能讲私情、乱批准，对在编僧尼要发放证件、对编外人员要及时地清理和妥善安置。编制未超的按不新招原则，从现有自然减员中解决，并严格按照《西藏自治区寺庙定员方案》对寺庙的僧尼实行定员编制，对定编范围内吸收的僧尼进行考核登记，切实保证入寺僧尼的质量。

（五）、建立健全完整的寺庙文物管理制度。每座寺庙都必须切实加强文物保护，西藏大部分寺庙有数不胜数的文物珍品，这些都具有很高的历史、文化价值。每一位在寺僧尼时刻要提高文物保护和增强安全防范意识，建立健全文物保护组织，进一步完善保护制度，落实防范措施，堵塞漏洞，确保万无一失，并对文物进行登记造册，制定完善的管理措施，做到职责分明，责任到人。因工作失职造成文物丢失的，要追究寺庙民管会领导和当事人的责任，而对保护文物作出成绩的，按有关规定给予奖励。尤其针对西藏许多价值连城的珍贵文物属寺庙管理的实际，文物管理工作必须确定专人负责，因他们责任重大，保护国家文物古迹有功，其工资待遇应列入自治区财政部门专项预算下拨。

（六）、寺庙要建立一整套严格的财务制度。实行经济民主，定期向全体住寺僧尼公布经济收支情况。寺庙经济收入分配，实行既适合寺庙特点又符合按劳分配原则，信教群众布施给僧尼个人的归个人所有；对生活有困难的僧尼可以发放适当的补助，寺庙集体的宗教收入，主要用于维修寺庙，添置少量必不可少的宗教用品，保护文物，美化环境等。一部分可以用于培养寺里的专门人才以及住寺僧尼的补贴和奖励。其它经济收入均按照劳动付出合理分配，寺庙不得以任何形式向群众摊派，更不得以任何名义勒索群众的钱财，若有此类苗头要坚决制止，情节严重的追究其责任。寺庙的财务收入，分配、报酬等方面，各级政府或有关部门每到年末要进行通盘核算，监督检查，并进行公开帐目，制定完善的帐目管理措施，做到支出明确，责任到人。

二、如何加强对僧尼的依法管理

（一）、依法加强管理好普通僧尼。各级政府依法对僧尼进行管理是十分重要的，僧尼是寺庙的主体，对寺庙的建设起着举足轻重的作用，对僧尼的管理有效与否，直接关系到西藏社会的稳定与否。故而必须经常组织好寺庙僧尼政治学习，参加当地政府组织召开的群众性大会。向他们继续进行时事政治、法律、法规和党的宗教政策教育，制定一整套僧尼晋升的考核制度，使僧尼们成为真正掌握本领，学识渊博，佛学造诣深厚、被广大群众尊重的僧尼，起到推动在寺庙继承、弘扬、发展佛教文化的特殊作用。同时要及时地表彰和奖励在反分裂斗争或促进我区政治社会局势稳定及经济发展中成绩突出的僧尼。还要组织举办各种时事政治、西藏历史、反分裂斗争、法律知识等学习竞赛活动，不断提高僧尼的国家意识、政府意识、法律意识、公民意识。倡文明、树新风，创建文明寺庙。并鼓励他们积极参与社会劳动和社会公益事业，尤其每个僧尼要用实际行动，积极、认真地贯彻落实由当地政府统一制订的《寺庙爱国公约（十条）》，真正把寺庙建成爱国爱教，“护国利民”的宗教活动场所。

（二）、加强对修行僧尼的管理力度。各地修行僧尼必须遵守修行场所的各项管理规定，进行注册登记，还须持有地市以上宗教管理部门的证明即“三证”，否则，不予办理修行登记。管理部门要严格掌握僧尼们的修行时间，对修行时间已到的僧尼，应及时劝其返回原籍，对不听从劝告者，按有关规定处置。认真执行公安部门有关暂住人口的规定,修行场所必须由各地政府民宗部门登记。并由所在地的各地、县、乡、镇、村管理或寺庙民管会直接代管,对超过10人的修行场所,应确定专门管理人员,实行严格管理。另外,对修行僧尼的管理必须纳入各级政府议事日程,纳入日常工作和社会治安综合治理范围,层层签订目标责任制,他们所进行的一切宗教活动在国家法律和政策允许范围内开展。

(三)、依法管理社会上的流散僧尼应提到议事日程。凡是在西藏自治区境内流散的外省区僧尼,无论来到何地,从事朝佛、讲经、募捐和其它佛事活动,必须认真遵守执行国家法律和宗教政策,必须经自治区宗教管理部门批准,并持有原籍省、自治区、自治州等宗教管理部门的证件和当地宗教教职人员的职业证书。而区内的流散僧尼,必须持有其所属地、市、县、镇等政府或寺庙民管会证明、宗教管理部门证件和本人居民身份证及教职人员的职业证书,而到外地区停留超过一定时间者,按公安部门的有关规定,自觉到当地公安部门办理暂住证,并要求他们,除过正常的宗教生活外,还要积极参加社会劳动,投身于社会主义现代化建设事业,如若搞封建迷信活动或干涉国家各种公共事物,构成的犯罪行为,要依法追究其刑事责任。坚决禁止他们以维修寺庙、塑造佛像等名义到农牧区和城镇向群众索要钱财,增加农牧民群众的负担。另外,凡到社会上化缘,必须持有所在地政府出具的证明。

浅论如何实现正确树立马克思主义的无神论宗教观

江泽民总书记在“七·一”讲话中强调指出：“社会主义文化在我国已经居于主导地位。但是，由于历史和现实的原因，社会上还存在一些带有迷信、愚昧、颓废、庸俗等色彩的落后文化，甚至还存在一些腐蚀人们精神世界、危害社会主义事业的腐朽文化。要通过改善政策和制度，加强教育和管理，移风易俗，努力改造落后的文化，努力防止和坚决抵制腐朽文化和各种错误观点对人们的侵蚀，逐步缩小和剔除它们借以滋生的土壤。”这一段精辟的论述，对我区如何作好宗教工作有极强的针对性和指导意义，我们必须认真贯彻落实江泽民总书记“七·一”讲话的精神，利用各种宣传手段，将舆论宣传阵地牢牢掌握在党的手里，向广大人民群众宣传社会主义、共产主义的科学性。

我区是有着众多宗教信徒的地区，以科学的理论武装广大人民群众的头脑，正确树立马克思主义的无神论宗教观，对正确对待和处理宗教问题，认真做好新时期的宗教工作，对维护社会稳定，增进各民族间的大团结，促进祖国统一以及对改革开放和社会主义新西藏的建设都具有特别重要的意义。尤其，在我区正确树立马克思主义的无神论宗教观是区党委的一项长期的战略任务，是帮助广大各族人民群众，摆脱宗教偏见，打碎宗教精神枷锁的重要一环。

一、无神论是有神论的对立面

无神论与有神论是两种跟本对立的世界观。宗教虽然不等于全部有神论,但它却是有神论的主要组成部分,宗教观念是以遵循神灵、上帝意志为核心,宗教所宣扬的是,有神论、宿命论、蒙昧主义和虚无主义。世界上本来没有鬼神,没有天堂和地狱,可宗教却为了达到某种不可告人的目的,硬说有,并要人们拜倒在自己的造物主—神的脚下,任凭它摆布。宗教要人们顺从和忍耐,把改变受苦受难境遇的期望寄托于天国和来世,安于自己被奴役的命运,放弃为争取现实的幸福而斗争。列宁说:“宗教是人民的鸦片,马克思的这一句名言是马克思主义在宗教问题上的全部世界观的基石。”①无论是什么时代,人总得有点精神寄托、心灵慰籍和心态平衡,人人向往幸福美满的生活。

在社会主义社会的新西藏宗教的地位和作用都发生了很大的变化,看不到这种变化是极不客观的。但是,我们也清醒地认识到,宗教作为一种颠倒的世界观,它的性质是非科学的,它仍有消极的作用。科学从根本上揭露了一切宗教的臆造、迷信和偏见。有些受宗教迷惑较深的人,精神财富上迷迷糊糊,什么祖国的前途,人类的理想,自身的发展与进步,似乎都无所谓。这些对于社会主义新西藏的精神文明和物质文明建设都起着极坏的作用,对于社会主义新西藏的发展与繁荣起着延缓和障碍的作用。马克思说:“宗教批判摘去了装饰在锁链上的那些虚幻的花朵,但并不是要人依旧带上这些没有任何乐趣任何慰籍的锁链,而是要人们扔掉它们,伸手摘取真正的花朵。”②这就要求我们必须加强树立科学的无神论宗教观,用科学的理论和世界观武装人们的头脑,消除宗教的消极影响当务之急。

那么,什么是无神论呢?无神论是一种否定一切宗教信仰和鬼神迷信的唯物主义世界观,是同有神论对立的、否定神存在、论证神灵的虚望性和信神的荒谬性的理论。无神论是随着生产斗争关于自然规律、社会规律的知识的发展而形成和发展起来的。

历史上出现过许多无神论,有古希腊的无神论,十八世纪法国的无神论,十九世纪德国费尔巴哈的无神论,马克思主义科学的无神论等。马克思的科学无神论是破除宗教迷信观念,帮助群众打碎宗教迷信枷锁的强大思想武器。马克思主义的科学无神论是马克思主义整个科学体系的重要组成部分,是最彻底的无神论。它依据辩证唯物主义和历史唯物主义的科学世界观,依据社会科学和自然科学所获得的科学结论和丰富材料,无可辩驳地证明,世界不是神创造的,而是客观存在着的物质世界。世界上根本不存在离开肉体的不死的灵魂,更不存在凌驾于自然和社会之上的"神"。宗教所宣扬的"神"、"天堂"、"地狱"、"鬼魂"等等,没有任何一个事实能证明他们的存在,没有任何一个亲眼看到过他们是什么样子。正如列宁所说的:"被剥削阶级由于没有力量同剥削者进行斗争,必然会产生对死后的幸福生活的憧憬,正如野蛮人由于没有力量同大自然搏斗而产生的对上帝、魔鬼、奇迹等的信仰一样。"③

激烈反对宗教神学的人,并没有受到"神"的惩罚,如在欧洲,十六世纪提出天体运行论的伟大的科学家哥白尼,十七世纪,提出运动三大定律的牛顿等。虔诚地信神的人,也没有得到"神"的恩赐。对宗教神学大吹大擂,把"神"摆在至高无上地位的反动统治阶级到头来“神”也没有能挽救他们失败的命运。可见,无神是事实,有神是虚构,无神论是真理,有神论是谬误。不是神创造了人,而是人按照自己的模样创造了神。人创造了神,又跪倒在神的脚下,崇拜神,这正是人的可悲之处。神是人们编制出来的美梦,梦想发财者、梦想当官者,以至梦想生子、得子、求偶者等等。都可以找到相应的神明,诸神可以满足世俗的一切愿望,这是因为诸神能给人类带来幻想的幸福,于是,成千上万的善男信女可怜巴巴地匍伏于泥胎木像面前,这是人类文明史的悲剧。马克思主义的科学无神论的本质在于强调以人为本,而不是以神为本,它要把被宗教和神夺去了的人性再从宗教和神那里夺回来,使人恢复和实现自己的本质,不再把自己的命运交给神,而是把它牢牢地掌握在自己的手中,从而成为真正的人。可见只有马克思主义的科学无神论,才能彻底战胜宗教迷信,使人的精神获得解放。

马克思主义的科学无神论不但论证了“神”、“上帝”等等根本不存在,而且还深刻地揭示了宗教产生和存在的社会根源,阶级根源和认识论根源,阐明了宗教发展和消亡的客观规律性。它指出,宗教并不是什么神秘莫测的东西,它和其它社会意识形态一样,都根源于社会物质生活,恩格斯说:“一切宗教都不过是支配着人们日常生活的外部力量在人们头脑中的幻想的反映,在这中反映中,人间的力量采取了超人间的力量的形式。”④宗教是自然压迫和社会压迫以及人们对这两种压迫不理解的产物。随着社会生产力的发展和科学文化水平的提高,宗教将最终归于消亡。它是历史的产物,是在人类一定的社会历史条件下生产出来,在人类一定的社会历史条件下发展，并在人类一定的社会历史条件下消亡，宗教消亡的根本途径是消灭私有制，消灭阶级，解除社会对人的压迫，同时，要高度发展社会生产力和科学技术，解除自然界对人的压迫。到了共产主义社会，人们成了自然界的主人，成了自己所创造的社会关系的主人，成了自己本身的主人，宗教也就没有立足之地，从而最终归于消亡。从上面的简要说明，就可以看到，马克思主义的科学无神论是打碎宗教精神枷锁的强大思想武器。因此，我们必须正确树立科学的马克思主义无神论宗教观。

二、正确树立科学马克思主义无神论宗教观是我区精神文明建设的重要内容。

树立科学的无神论宗教观是当前我区社会主义精神文明建设的重要环节。社会主义精神文明是一个具有许多层次的复杂的统一体，它既包括教育、科学、文化，又包括共产主义的理想、信念、道德、纪律、革命的立场和原则，以及文明、健康、科学的生活方式等等。它是人类精神生产的积极成果，是真、善、美的统一体。宗教虽然也是人类精神的产品，但它不是积极的成果，而是消极的东西。

生活在高原上的我区人民在几千年的社会实践中，不仅创造了物质文明，而且创造了主观世界，创造了丰富多彩的精神文化财富，形成了独具特色、光辉灿烂的传统精神文明。但是，也不能不看到，在漫长的奴隶社会、封建农奴制社会中，也形成了五花八门的迷信和宗教观念。民改以后，随着社会的进步和科学文化的发展，人们头脑中的封建迷信和宗教观念受到了很大的冲击，科学无神论观念越来越深入人心。然而，由于封建迷信和宗教的产生和发展有其深刻的认识根源和社会根源，由于社会意识具有相对独立性的特点，所以，它在人们的思想意识里还远远没有肃清，它还在束缚着许多人的头脑，对人们起着麻痹和毒害的作用，阻碍着我区社会主义精神文明的建设。

科学无神论的宗教观既是我区社会主义精神文明的重要内容，又是社会主义精神文明的重要理论基础。只有以科学的理论武装广大人民群众的头脑，树立科学的无神论宗教观，才能帮助人们克服宗教迷信偏见，振奋革命精神，加速社会主义精神文明建设。

有人可能会问：随着社会生产力和科学文化的发展，宗教不是必然要消亡吗？那为什么还要树立科学的无神论宗教观呢？我们认为，宗教的消亡是必然的，但不是自发实现的，更不是在短期内就能实现的。它要靠人们根据宗教产生、发展、和消亡的客观规律，通过长期努力来推动其实现。不顾客观条件，想靠行政命令或单纯的思想工作来消灭宗教固然是错误的，列宁说："是提高人们对宗教的兴趣、妨碍宗教真正消亡的最好手段。"⑤但不进行长期的日积月累的宣传教育，坐在那里等待宗教去自行消亡，自生自灭，也是错误的，历史唯物主义告诉我们，任何一种旧的思想都不会自动退出历史舞台，宗教更是这样。宗教是人创造的，也只有通过人的长期努力，创造各种条件，才能使其逐渐消亡。

那么，树立科学的无神论宗教观主要应该包括那些内容呢？

对于树立科学的无神论宗教观，我们认为应该作广义的理解，它包含十分丰富的内容，概括起来说，主要包括三个方面的内容：

首先,树立辩证唯物主义和历史唯物主义的科学的世界观,辩证唯物主义和历史唯物主义是关于自然界、人类社会和人类思维发展的最一般规律的科学,是最彻底的唯物主义,最彻底的无神论。它和有神论是根本对立的,它以无可辩驳的事实证明,世界是物质世界,世界上除了运动着的物质之外,什么也没有。精神意识(包括宗教观念)都是物质世界长期发展的产物,是客观存在的反映。物质世界在空间上是无边无际的,在时间上是无始无终的,因此,根本就不存在一个彼岸的"神"的世界。任何关于"上帝"、"鬼神"存在的观念都是毫无根据的无稽之谈。

其次,运用现代科学所取得的成果,系统地、深刻地揭露宗教神学的虚伪性,荒谬性。对宗教的本性和作用进行深入的剖析,对宗教产生和存在的根源作出科学的解释,对宗教演变和消亡的规律进行深刻的揭示,对无产阶级政党在宗教问题上的基本态度和政策作出全面的阐述等等,这些都是树立科学的无神论宗教观所不可忽视的内容。

再次,大力宣传和普及科学知识。科学是宗教的死对头,科学占领的阵地的扩人,就意味着宗教的地盘的缩小。列宁说:"宗教偏见最深刻的根源是贫困和愚昧,"⑥贫困带米痛苦,愚昧使人迷信,科学不去占领阵地,宗教迷信就会去钻空子,这一点已经被无数的事实所证明。随着科学知识的发展和普及,宗教迷信所散布的谎言将一个个地被揭穿,宗教的地盘将一天天缩小。正如恩格斯所说的:"宗教在科学的猛攻之下,一个又一个部队放下了武器,一个又一个城堡投降了,直到最后,自然界无限的领域都被科学所征服,而且没有给造物主留下一点立足之地。"⑦所以,向人民群众特别是向广大青少年进行辩证唯物论历史唯物论的科学世界观的教育，大力宣传和普及科学知识是进行牢固树立科学的无神论宗教观的一个重要方面。

列宁说过："为此应当用唯物主义观点来说明群众中的信仰和宗教的根源。同宗教作斗争不应该局限于抽象的思想宣传，不能把它归结为这样的宣传，而应该把这一斗争同目的在于消灭产生宗教的社会根源的阶级运动的具体实践联系起来。"⑧因此，我们光在口头上说大力宣传和牢固树立科学的无神论宗教观，还远远不够，必须有所实际行动。我们认为，在西藏宗教迷信赖以存在的根源之一，在于成千上万的诸神（藏传佛教的诸神、苯教诸神、民间诸神如生神、户神、地方神等）今后应该对这些诸神的来源和创造过程以及寺庙与众信徒的关系作全面深入的科学研究，着力解决各种名目之神，是如何编撰来的，是怎样步步神化，赢得信仰和形成谱系的，深入探讨对宗教的需要在诸神发迹史上的作用和对诸神的信仰活动，从而展示人们在不同时期的宗教意识和民俗心理等等。使人们看到人如何创造了神，而神又如何支配了人的复杂的过程。并对每位神的来源上追索出它的原型，告诉人们这些被传得神乎其神的西藏诸神"原来不过如此"。这样的研究课题项目是直接为现实服务的，而且其作用和效果比文字上或口头上的说教宣传强几百倍。我们想今后在这方面作些研究是很有必要的，是正确树立马克思主义无神论宗教观的实质所在。

奥地利著名的藏学家鼐拜斯克·斡廓维瑟撰写了一部国际藏学界公认的关于藏族诸神方面经典性的名著《西藏的神灵和鬼怪》，但这本书重在介绍诸神的特点，并没有揭示其本质、来源和社会作用。我们应该用马列主义的无神论观点，进行科学的研究、分析，追本溯原，从而揭示出藏族人民如何创造自身社会的同时又如何创造了主宰自己命运的神的世界，以及很多信徒如何失去了自己健全独立的人格而逐步堕入自卑、盲从、麻木境地等本质性的东西。扫除迷信，不怕鬼，不信邪，尽快提高广大民众的文化素质和自信，净化我们的社会，正确树立科学马克思主义的无神论宗教观，是当前我区一件不可忽视的头等大事，更是我区哲学社科界每一位研究宗教的科研人员应尽的神圣职责和奋斗目标。

总之，我们应该始终全面、正确、认真地贯彻执行党的宗教政策，用马克思主义的宗教观指导宗教工作，维护正常的宗教秩序，加强对宗教理论和宗教工作实践的研究，努力宣传科学的无神论宗教观，加强科学知识、科学方法、科学思想、科学精神的宣传教育，认真贯彻党中央在宗教方面的指示精神，积极引导宗教与社会主义社会相适应，最终为彻底消亡宗教做出应有的贡献。

注释：

①《列宁选集》第 2 卷，第 247 页。

②《马克思恩格斯选集》第 1 卷，第 2 页。

③《列宁全集》第 10 卷，第 62 页。

④《马克思恩格斯选集》第 3 卷，第 354—355 页。

⑤《列宁选集》第 2 卷，第 250 页。

⑥《列宁全集》第 28 卷，第 163 页。

⑦《马克思恩格斯选集》第一卷，第 529 页。

⑧《列宁选集》第 2 卷，第 250 页。

略谈阿里地区寺庙现状、存在的问题及对策

一、现状

阿里地区共有75座寺庙（含拉康）。其中，宁玛派3座，14名僧人，2名活佛；噶举派30座，180名僧人，3名活佛；萨迦派7座，32名僧人，2名活佛；格鲁派有33座，53名僧人，2名活佛。

自从党的十一届三中全会以来，在全地区范围内，认真贯彻执行党的民族、宗教政策，政府对全地区75座寺庙所落实政策的款项达100万以上，其中，八座寺庙一直享受政府的补贴，占整个寺庙的10.8%，每年共享受政府补贴14700元。

自寺教以来，阿里地区所属寺庙的收入渠道，由原来依靠群众布施转变为现在靠旅游观光收入为主要经济来源，据不完全统计，寺庙收入中，群众的布施占总收入的30%，比原来下降了70个百分点，旅游观光收入为总收入的40%，以寺养寺收入占总收入的15%，藏胞捐赠收入占总收入的15%。

目前各寺庙也积极配合政府，为社会公益事业服务，据不完全统计，寺庙僧尼每年为广大农牧民治病，送药，捐牲畜和财务，免费运输，送电等折合人民币价值已超过100万元。

诸如，扎西岗寺的僧人积极投入生产劳动，走以寺养寺的道路，在寺庙所在的乡上开了茶馆、商店，经济效益特别好，还有一辆东风卡车，所创的收入颇丰。于是，每年给乡小学培养两名贫困生，买来一台发电机，免费为周围的群众送电，结束了乡上无电的历史。由于乡上群众吃水困难，寺庙又投入大

量的财力，打了一口质量很高的井，解决了吃水困难的窘境。还给乡里的群众付劳务费，种植了很多树木，绿化、美化了周围的环境。尤其，值得一提的是，建立了一所藏医诊所，免费给所有的当地群众和外地朝圣者治病，给广大群众带来极大的方便和利益。

二、存在的问题

1、僧尼生活困难，享受政府补贴的相对少，普兰县朗纳寺和措勤县尼姑寺比较突出。扎达县托林寺的情况不容乐观，该寺庙正好坐落在县城内，而且是阿里地区最有名，历史最悠久，古老的壁画保留得比较完整的寺庙，因此国内外旅游观光和朝圣者很多，门票收入相当可观，可是门票收入的一半归县文化局，于是，影响了寺庙搞以寺养寺，县民宗局领导、寺民管会及周围群众对此有意见，应妥善解决好。

2、寺教工作和全面复查重点整治工作已经基本结束之际，仍有一些寺庙增加修复宗教场所的趋势（东三县比较突出），个别寺庙要求吸收新的僧尼（全区各县均普遍存在），不能正确地理解党的宗教信仰自由政策，认为只要自愿信仰，不受各级政府指定的各项政策之约束或限制，普遍存在着修建寺庙和吸收新僧尼是自由的片面观念。

3、活佛转世的管理力度不够，随意性较大，认定方式比较混乱。在全地区范围内，主要有转世活佛和世袭活佛两种形式，其中有区内认定的，有境外其他高僧和其他人员插手认定的，也有寺庙和群众自行认定的等。

4、寺庙僧尼对政治理论学习与提高自身的宗教知识水平方面下的功夫不深，而且仍有不属于正式编制，长期驻寺的部分僧尼（主要在东三县的各寺庙内）。

5、部分寺庙僧尼仍组织观念淡薄，我行我素，片面理解党的宗教信仰自由政策，随意要求改换教派。

6、少数寺庙的贵重文物数次被盗，丢失文物也很严重，给国家造成了不可弥补的损失，诸如扎达县底雅乡境内和东北部地区的某些寺庙。

7、政府对寺庙事物管理的力度不够，在管理上仍存在着盲目混乱的现象，没有一套行之有效的办法。

8、财务管理混乱，很多寺庙没有明细帐目，收支情况不明，每日、月、年收入和支出谁都搞不清楚，一切财权均掌握在少数民管会成员手中，严重影响了寺庙内部正常的经济运行和生活秩序及自身利益。

9、由于受"文革"的影响，阿里全地区范围内没有几个佛学造诣高、而又德高望重的高僧，于是很多年轻僧尼出境学习佛法知识的现象较多，这样往往造成被动的局面。

10、全地区佛协人员老化、断层，后备力量不足，德高望重者更是寥寥无几，难以体现职能部门应起的作用。

11、部分僧尼法制观念不强，组织涣散。对僧尼进行法制教育态度不坚决，措施不得力，在深度和广度方面没有下好功夫，效果不明显。

12、对流散僧尼的管理力度不够。阿里地区有神山圣湖等著名的朝圣之地，每年都有来自四面八方的成百上千名朝圣游僧。于是，部分僧人借高僧、上师之名处处招摇撞骗，欺诈长年累月生活在偏僻山沟里的牧民，诸如，高价推销所谓被他们加持过的圣物，还有的却明目张胆地糊弄牧民，若不把牛、羊廉价买给他们便将会灾难临头等，敲诈勒索，造成极坏的影响。破坏了广大牧民正常的生活秩序。

三、对策建议

1、积极向有关部门争取政府补贴，加大多方面的投资力度，引导寺庙尽快走上以寺养寺、帮助群众脱贫致富的道路。凡是寺庙的门票收入应全部属于寺庙，政府部门不得乱干预。以寺养寺工作是做好宗教工作的重要内容，是一条今后需要长期摸索的路子。必须从阿里地区特殊的地理环境、社会经济发展背景、社会整体发展的程度及僧尼的素质等实际出发，因寺因僧制宜，不能盲目地生搬硬套别人的经验，一定联系好自己的实际情况。为方便群众就医，引导寺庙派僧尼学医，兴建诊所，为寺庙周围的群众免费看病治疗。

2、寺教工作和全面复查重点整治工作已经基本结束，寺庙管理工作任务逐步转入统战、民宗部门的正常管理，各级党委和政府要重视和加强地、县民宗部门队伍建设，适当加大经费投入力度，改善工作条件，充分发挥职能部门应有的作用。严格控制宗教活动场所和僧尼的数目，决不能像以往那样任其泛滥。严格按照自治区人民政府文件规定，原则上不予扩建或修复寺庙。

3、对活佛的认定必须循序渐进，严格把关，对于可否转世，主要看他的政治立场坚定与否，能否拥护中国共产党的领导、爱国爱教、遵纪守法等。对此不能放任自流，自由发展，加大对活佛转世试点宣传教育的力度，活佛转世试点工作是一项政治性、政策性很强的工作，阿里地区也将始终坚持"可以转、不可全转、从严掌握、控制总量"的原则，在宪法、法律政策规定的范围内进行，要把每一个活佛的基本情况、历史背景和政策法规掌握准确，牢牢掌握活佛转世的领导权、主动权、加大对活佛的教育，特别要防止重转世轻教育的现象。对已经转世的活佛，各级人民政府和民宗部门要求安排专项资金加强其思想教育，以便使他们帮助政府共同管理好寺庙。

4、在复查整治的过程中，各级党委、政府应把学习理论政策作为硬性规定，作为考核寺庙健全与否的一个重要标准。这样一来不仅提高寺庙僧尼的政策理论水平，增强觉悟意识，而且寺庙僧尼应成为坚决拥护党的领导、维护社会主义制度，爱国爱教、遵纪守法、维护祖国的利益、维护法制尊严等与社会主义社会相适应的优秀公民。

加大思想教育的力度，让僧尼爱学习，努力提高佛学造诣，条件成熟的寺庙，可在寺内办一些学经班，但必须按程序报经有关部门批准。

5、有的格鲁派寺庙，觉得该教派清规戒律过于严格，羡慕其他教派随意性较大，可以取妻生子，过汉传佛教居士式的生活。于是，坚决要求改宗换派，但改变教派不能随心所欲，必须由各级党委、政府和佛协共同商量后再做决定。

6、阿里地区的每一座寺庙都必须切实加强文物管理的意识，改善安全防范条件，建立健全文物保护组织，进一步完善保护制度，堵塞漏洞，确保文物万无一失。必须搞好对文物的登记造册工作，指定完善的管理措施，作到职责分明，落实到人，因工作失误造成文物丢失的，要追究民管会领导和当事人的责任。对保护文物作出突出成绩的，一定要按有关规定给予奖励，保护国家文物责任重大，各级财政应优先酌情考虑文管人员的工资。

7、党委政府重视管理寺庙和僧尼是做好全地区宗教工作的关键所在。“先试点、后铺开”是做好寺庙工作的主要方法，必须切忌“不抓试点，盲目铺开”的极其错误的做法。对前段时间没有重点整治的寺庙要继续进行重点整治，在整治的过程中，要一如既往地本着存在什么问题解决什么问题、缺什么补什么的原则，根据不同的整治对象提出不同的办法。

8、每座寺庙必须实行经济民主化的管理机制，每月定期向全体住寺僧尼公布经济收支情况。阿里地区的寺庙主要分布在偏僻的山区，因此经济收入必须在共同享有的同时，也要实行符合按劳分配的原则。寺庙共同拥有财务的收入、支出及酬劳等各方面各级民宗部门每到月末或年末要进行通盘核算，监督检查，并进行公开帐目，制定完善配套的帐目管理制度，作到支出明确，责任到人，不得马虎或应付了事。

9、各级统战部、民宗局认真抓好让僧尼认真学习佛学知识提高水平的工作，引导他们主动研习佛教经典教义，成为佛学上有造诣，继承弘扬祖国佛教传统文化之精华的专门人才，为此，首先把僧尼们的培养工作落到实处。在全地区范围内制定培训计划，使他们都能够到前后藏的著名寺庙，拜名师进行轮训，并形成行之有效的制度，逐步提高僧尼门的整体文化素质。

10、调整充实佛协人员，充分发挥佛协职能作用是作好全地区宗教工作的重要条件。阿里是藏族原始宗教苯教的发祥地，也是藏传佛教后弘期上路弘法的发源地，这里的许多爱国宗教界人士在社会各界享有很高的声望。只有充分发挥他们的积极作用，才能分化瓦解敌对的宗教势力。另外，还要加强地区佛协书库的安全防范措施。

11、加强法制宣传教育，根据全区寺教工作座谈会精神，落实属地管理原则，按照自治区法制宣传教育要求进行认真搞好法制教育，对全地区寺庙进行法制教育的试点不一味追求数量而是在于质量的高低，要搞出成效，切忌搞表面、走过场，以切实达到进一步提高广大僧尼对学法、懂法、守法的重要性和必要性的认识，逐步实现僧尼自己学法守法的目的。要加强到第一线搞实地考察，调研，及时上报信息工作。设立专项经费定期培训寺庙民管会成员，进行经常性的法制教育。

12、加强对社会流散僧尼的管理，近年来，社会流散僧尼的逐渐增加，一部分行为不端的僧尼严重损害了守法爱国僧尼的形象，对此绝对不容忽视，阿里地区要以《阿里地区社会流散僧尼管理暂行办法》为依据，切实做好每一个工作环节的审批检查工作，逐步将社会流散僧尼纳入法制化的管理轨道。落实属地管理原则，地、县、乡、寺庙之间层层签订责任书，落实责任。具体来说，就是寺庙自己主动管理、民管会督促管理、佛协协调管理、民宗部门代表政府宏观管理相结合是寺庙管理的正确途经。

在寺庙内继续加强社会主义精神文明建设，最好由宗教权威部门用藏语出版发行爱国主义和无神论教育方面的知识读本，多方面、多角度、多层次地宣传党的宗教政策。

略析如何抢救、保护和整理阿里地区现存藏传佛教藏外典籍

一、概述

阿里地区位于祖国西南边陲的最西段。总面积为34.5万平方公里，平均海拔为4500米以上。“阿里”，一词是藏语音译，意为“属地”、“领地”、“领土”。

在公元十、十一世纪，藏传佛教后宏期兴起之际，阿里是上路宏法的一个极其重要的源头，从那时起，在阿里出现了数量很大的藏文佛教典籍。古格王拉喇嘛益西维在距古格扎布让卡城堡以东，二十余公里的象泉河南岸，建筑了阿里历史上最负盛名的第一座佛教寺庙“托林寺”。并自印度等地迎请了藏传佛教史上有名的“三巴拉”等不少班智达（通晓五明者），还挑选二十一名当地童子携带众多黄金前往克什米尔等地学法取经。其中，仁钦桑布在印度取经十余载，精通讲解、辩论、写作和翻译。回到托林寺后，钻研佛法，翻译校订显教经籍十七部，密教恒特罗一百零八部，他所译马鸣译师所著《八支集要》及迦释弥罗（克什弥尔）佛学大师所著《集要广注（词义月光》等医学巨著，盛传于全藏乃至中原汉区。

当时，拉喇嘛益西维之孙拉尊江久维，于1042年把摩截驼国的超岩寺（在今印度比哈尔邦南部）上座高僧阿底夏（孟加拉人）大师迎请到古格托林寺，他在此著述了《菩提道炬论》等二十余种巨著，对藏传佛教后宏期的发展起过及其重大

的作用，为世人留下了很多宝贵的佛教典籍。

另外，还于公元1076年（藏历火龙年），由古格国王泽德的大力资助下，在托林寺举办了盛大隆重的集会，史称"火龙年大法会"。在这次法会上，来自前、后藏和朵康地区的高僧们聚集一堂，各抒己见，传授显密，规范教规，整肃教法，书写印制了为数众多的佛教经籍。并遍布古格本土的托林寺、底亚寺、当巴寺、卡则寺、普日寺、益日寺和达布寺；还有古格以外的拉达克的娘玛寺、拜土寺；桑噶的桑拉寺和噶厦强巴林寺；普兰的廓迦寺等。

目前，阿里地区的藏传佛教藏外典籍主要分布在西四县，即普兰县的廓迦寺；扎达县的托林寺（显、密典籍都有）、底亚寺、当巴寺（新密典籍为主）、卡则寺（显宗般若经典籍为主）、普日寺、益日寺和东噶寺（史籍为主）等；噶尔县的扎西岗寺和日土县境内的伦珠曲德林寺等。另外，在阿里地区政协和佛协新建的佛经藏馆内也有为数不少的藏外经籍，还有，散落在农牧民和僧人等私人所藏的经籍数目也相当多，预计有上千件。总之，阿里地区的藏传佛教藏外典籍大约从十世纪至十七世纪的不同时期积累而成。因此，在经书的书写材料，字体书写，语法规则，经书版式等方面，可以看到阿里地区藏传佛教后宏期不同历史阶段典籍发展的不同特征。

二、主要内容及状况

阿里地区藏传佛教藏外典籍的主要内容为显宗和密宗。尤其，新密的内容站多数。1999年6月份，在普兰县廓迦寺发现了上千件十一世纪翻译和撰写显密经典，百分之九十以上为珍本或善本，其历史价值、学术研究价值、文物价值和文献价值都非常高，实属稀世珍宝。这部分典籍可以分为《密乘续部》、《般若经·十万颂》、《史籍》和《印、藏高僧传记》等，内容十分丰富。但这部分经籍还没有进行过详细的挖掘、整理和编目工作，百分之八十以上的内容有待进一步挖掘和整理。

在扎达县底亚乡境内的日尼寺（新密典籍为主）、色孔殿堂（新密典籍为主）、什布齐殿堂（史籍为主）、底亚殿堂（袖珍显教典籍为主）、普日寺和益日寺等都有比较丰富的藏外典籍，均为十、十一世纪留下的珍贵经籍，都属于孤本、珍本和善本。

在普日寺的大经堂内藏着稀世的《般若经·十万颂》十六大经函，每一部经函都夹在做工精致、古色古香的旃檀夹板中间，在上盖夹板的表面上镶刻着密宗事部三怙主等的雕像。但每部经函夹板上的内容都各异，一个个富丽而精致，可谓造型奇特，神态奕奕，坐立行倚，各尽其妙（有图片参阅），具有极高的观赏、艺术和历史价值。

打开经卷，经纸是非常珍贵的精美蓝黑色厚藏纸。全部经卷皆用金末浆书写，开头几页纸面上的左右边上分别绘有精美绝伦的佛、菩萨和高僧的画像，色泽光亮，线条比例适度，画风别具一格。纸张的左右中心处各有一个圆圈和圈内有穿线用的小孔洞，这就是藏传佛教后弘期早期经籍的典型标志。字体为独具特色的手写体楷书，线条、大小比例适中，文法、句法不太规范，明显带有前弘期的特征，这套经籍全用十一世纪左右，古格王国的诸多贵重的材料而成。其文物价值的确无法估量，不仅是全阿里地区绝无仅有，而且也是在全西藏范围内也是稀有的。

在底亚村的底亚殿堂和日尼村的日尼寺以及管理这两座

寺、殿的私人手中收藏着为数不少的藏外典籍，百分之八十以上是十、十一世纪的孤本、珍本和善本，有些更早。笔者看到一部字体古怪的好似古老的梵文典籍，但据典籍主人和当地人称之为象雄文典籍，有待进一步考证。另外，这儿的很多典籍体积很小，可谓袖珍典籍，长 12 厘米，宽 8 厘米，这在藏区其它地方是罕见的（有图片参阅），这是藏传佛教后弘期，上路弘法鼎盛时期的杰作。除了个别散落到前、后藏和不丹等地外，大部分集中在古格文明的中枢地带底亚或戎琼。并保存到至今，只是被私人拥有，随着时代的变化，遗失的危险更大，须尽快采取措施，进行收集、整理和保存。如果，还视而不见，顺其自然，将会是中华文明的一大损失，后患无穷。

这些典籍，每一部都夹在优质红木夹板里，夹板非常精美，外部表面上刻有立体感很强的梵文。在有特色纸张上的经文，皆用色泽光亮的黑墨手写而成。字体皆为藏文有头楷书，十分标准和清晰，版面用红墨画框，具有藏传佛教典籍的古版式特征。经文每页有 4 行经文，字体自始至终大小一致，每行大概有 10 个字节。每部大约有 230 页左右，约有几万个字节，其内容为显宗般若经等。

在益日寺内也藏有大量的藏外典籍，益日寺位于阿里地区扎达县底雅乡鲁巴村。“益日”意为隐秘的区域，因为寺庙隐秘在万丈深渊之沟谷里的山脚下，交通不便，十分隐蔽而得此美名。寺内所藏的经籍大多数为般若经十万颂、二万五千颂、八千颂等，还有为数众多的密教经籍和竹巴噶举派史籍，这都是藏传佛教后宏期书写的。尤其，般若经厚实经板上精雕细刻的佛像和花纹，实在精美绝伦，风格迥异，这些珍贵的经书都是些具有历史和文物价值颇高的手抄本经籍。

在大经堂内供奉的《般若经》卷，从其外观以及书写材料来看，相当古老，其语法和拼法与吐蕃时期相似。经卷首页由银末浆书写的长条厚藏纸，有文字的地方摩上黑墨。字体为藏文手写有头楷书，笔法细腻而流畅，第二页起纸张均是质地优良白色厚纸。

经籍首页和次页等两边绘有传统版式佛像、宝座和宝塔的设计别具一格，是属罕见。左边像框或宝座塔中有一尊立体感很强，逼真入微的释迦牟尼佛像，端座在宝塔内的莲花宝座上，身着暗红袈裟，慈眉祥目。右边的像框或宝塔内端座着释迦牟尼的高徒，似乎聚精会神地聆听教诲，传神达意，框塔的颜色比例适中，造型优美。经页左右中间两处各画有圆圈，具有藏传佛教典籍古版式的典型特征。从文字书写来看，还保留着藏文元音字母 i 倒写和再后加字 da 的书写特征，多处可见否定副词的辅音 ma 字和人字的辅音 mi 字下面加 ya 字现象，具有吐蕃时期藏文的文字特征。故此，这部经书是十世纪或更早时期书写的，其书法、句法、正字法、版式和质地等方面具有很高的学术研究、历史和文物等价值（有图片参阅）。

虽然，时间、精力和财力等有限，以上提到的扎达县境内三处主要藏外典籍成书的准确时间尚无精确考证。但从以上述及的文物、艺术和文字等特征来看，这些珍贵的藏外经籍完成于藏传佛教后弘期上路弘法的形成与发展的顶峰时期。

三、存在的主要问题

普兰县廓迦寺发现的藏外典籍，收藏状况十分令人担忧。由于，人们对文化典籍的知识有限，保护观念单薄，没有资金等原故，珍贵典籍都堆积在一间简陋的 12 平方米左右的房间内。没有任何防雨、防尘和防虫等防护自然侵袭的最简单的措施。数量可观，年代久远的珍贵罕有典籍，好似一堆废纸，冷落在被世人遗忘的角落里，实在令人痛心疾首，心灵震颤。然而，只是心有余而力不足，只是在口头上一再向寺僧和有关人士呼吁和强调其无法估量的价值，应该引起高度重视，不能端着金饭碗而到处要饭。

普日寺位于扎达县底雅乡古让村十分僻静的高海拔地带。管理寺庙者，只有两名七十多岁的老人，他们腿脚不便，耳目退化严重，自己照顾自己都有一定的困难，何况保护寺庙以及十六函稀世珍宝经典《般若经·十万颂》。并且，方圆五、六公里内没有任何百姓和人家。更有甚者，这些珍贵经典收藏在昏暗、低矮，随时有可能倒塌的极其简陋的土石结构的房间内，屋顶处处有漏雨水的痕迹，老鼠遍屋漫跑，防护措施无从谈及。尤其，此寺与印度边境近在咫尺，只有两、三个公里，从寺庙清楚地看到印度兵的堡垒和兵员活动情况，很容易被盗贼偷盗后越境带往境外。会造成不可弥补的重大损失，令人们不寒而颤，如此珍贵的国宝，何以落到这般窘境。应该引起有关各方的高度重视和立即行动起来，不能再包有任何侥幸心理，再这样下去后果不堪设想。

在底亚殿堂和日尼寺收藏的典籍，状况比较好。殿堂和寺庙均在村子中心地带，香客多，有一定的防护条件。只是没有任何防火措施，房间空间有限，点燃的供灯很多，有一定的失火危险罢了。如上所述，这一带的珍贵经籍大部分散落在私人的手里。随着时代的更迭，文化结构的变化，掌握较深层次传统文化的人越来越有限。新一代人看不到这些珍贵典籍的重要性，有的被付炽一炬，有的卖掉换取一点茶钱或酒钱，令人难以置信。所以，首先把它们收集起来，当作文化珍品受到保护,这是当务之急的头等大事,然后再进行挖掘和整理。

在益日寺内收藏珍贵典籍的状况更令人忧心如焚。寺庙处在十分偏僻的山崖下面,除了夏季外,平日里只有一名老人来守护它,方圆几十公里内没有人烟。到了夏季,寺庙南沿的河水上涨时,根本没有人守护寺庙,听天由命,防护措施,天方夜谈,随时都存在被洪水冲掉,雨水侵袭,从崖间掉落巨磐、倒塌和被盗的危险。笔者临场采访时,藏经房四面墙上有漏雨的斑斑痕迹,屋顶与墙间的距离拉大,濒临坍塌,危机四伏。那些珍贵的塑像、壁画和典籍幸存到至今是不幸中的万幸,时至今日,该到了主动采取行之有效的措施好好保存的时候了。如果,仍旧麻木不仁,那真是对人类文明的蔑视,必须以实际行动,就像保护自己的眼睛一样保护这些文化珍品。

四、如何抢救和保护

(一)当地人的意见:

被笔者采访或接触到的当地人认为,祖先们留给他们的宝贵的文化财产如果得不到有效的防护,被毁在他们的手中,实在痛惜,以实际行动保护和抢救,已成为迫在眉睫,不得延误和轻视。如果,再延误下去,这些珍贵的典籍将会受到更多的损伤和毁坏,这对我国藏传佛教的文化遗产造成无法弥补的损失。但目前实在是力不从心,主要原因是一方面得不到有关权利机关的重视,另一方面没有足够的资金等。只要引起上级部门的重视,并得到财力上的支持,他们将不遗余力地做好抢救和保护工作,先解决一些燃眉之急的问题,采取简单的防护措施,再进一步作好长久的保护和抢救整理工作。

(二)笔者的具体设想:

笔者在这几年内,几乎走遍西藏自治区境内的所有县和乡，采访过四百余座重要寺庙。但还没有发现阿里西四县境内那么有悠久历史和珍贵文物典籍数量颇丰的寺庙及私人珍藏的典籍。这的确是属罕见的，其原因是，一方面这些地方曾经是藏传佛教后弘期上路弘法的中枢地带，印度名僧传法、受经的主要区域，诸如“三巴拉”、阿底峡等名僧都在此著述力说，留下了令人骄傲的珍贵典籍。另一方面，它地处边境，交通不便，尤其是，没有进行过民主改革，文革期间近乎没有受损，又牵涉到不丹等涉外问题。所以，至今保留着为数不少珍贵的文物典籍，只是近况如上所述，不尽如人意，实在是该抢救不可的时候了。为了使这些珍贵而历史悠久的珍、善和孤本典籍得到有效、永久和完好地抢救和保护，笔者认为必须做到：

首先，引起上级有关部门的重视，权利机关应该有保护珍贵文化的意识和措施，不能为了自己的政绩只抓立竿见影、有眼前经济效益的事。要站在重视祖先留给自己精神财富的高度，切实抓好文化工程，并付诸于事实，把它列入季度和年度工作的议事日程，不能视而不见、听而不闻。

其次，有关文物和文化部门，经常性地下去，进行深入细致的调查研究。带领和带动当地群众，帮助他们出主意，动用他们的力量，发挥他们的积极作用，他们是祖先文明的忠实保护者。还要身体力行，经常性地向有关部门汇报实情，进行多方呼吁，跑项目，要资金，做一些力所能及的看得见和摸得着的事。切实地抢救和保护这些文化珍品，发挥金饭碗的真正作用。

再次，应该有具体的抢救、保护的思路和措施，诸如维修寺庙，寺庙保管者的年轻化、知识化，有计划、有步骤、有轻重缓急地科学地做抢救、保护、整理和挖掘这些珍贵典籍的工作。尤其，要尽快开展收集散落在私人手里珍藏典籍的工作。应该把它们收藏或集中到相对安全、可靠的寺庙或文化单位内，得到妥善的保护，不能有外行者任意践踏的行为。

另外，应该在阿里地区西四县具有文物和珍贵典籍相对集中的重点寺庙和殿堂，建立健全完整的文物、典籍珍品管理制度。每座寺庙的主管部门和具体的管理人员都必须切实加强文物典籍等珍藏品的防护和保管工作。因为，在阿里地区西四县边境地带的很多寺庙有诸多的文物、典籍珍品，大多数属于罕有的珍、善、孤本，这些都具有很高的历史、文化、艺术、文物和学术研究价值。故此，每一位在寺的管理者或当地的权利机关，时刻要提高寺庙文化保护和增强安全防范意识，建立健全具体的保护组织，进一步完善保护制度，落实防范措施，堵塞漏洞，确保万无一失。并对珍藏的典籍等进行有效的登记造册，制定完善的防护、管理措施，做到职责分明，责任到人。因工作失职造成珍藏典籍的丢失或受损严重的，要追究有关主管领导和当事人的责任。而对保护典籍等寺庙重要文物文化珍品作出成绩的，按有关规定给予物质奖励。尤其，针对阿里地区西四县许多价值连城的珍贵文化典籍属寺庙管理的实际，其管理工作必须确定专人负责。因他们肩负的责任重大，保护国家文化古迹有功，其工资待遇应列入当地财政部门专项预算下拨。妥善处理责、权、利的关系，提高他们的待遇，做更多有利于中华文明保护的实实在在的工作，这就是为实现中华民族伟大复兴做出更大更多贡献的重要组成部分。

最后，迫切希望让这些珍贵典籍尽快脱离将要遗失的危险境地，有起码的防护保障和抢救措施，不然的确后患无穷。

当初步得到抢救和防护后，再引进更多的人力和财力，诸如，购买电脑、扫描仪、刻录机、数码相机等现代化的工具，从外面请有关的懂行专家，制定具体挖掘、抢救、整理和防护措施。但更重要的是，及时选派一些责任心强，具有一定传统文化基础的年轻人，到狮泉河或拉萨，让他们接受使用现代仪器的新知识和技能。如制作CD、使用数码相机、扫描仪、复制机和刻录方法等方面的基本训练。致使，较全面地掌握整理、保护和抢救典籍的知识和技术技能。这样，可以彻底解决抢救、整理、保护和挖掘珍本、善本和孤本的问题，并在偏僻难以管理的寺庙内只收藏复制品，而原版珍藏品转移到非常安全的寺庙或殿堂。诸如，托林寺，这座寺庙是阿里地区历史最悠久、最有名的国家级文物保护单位，又位于扎达县城的中心地带，非常安全。这几年，国家和政府对这座寺庙投资的力度大，有名的迦萨大殿堂修复一新，外壳基本上恢复原样，雄伟壮观，但里面没有内供，几十座殿堂都是空空荡荡。所以，诸如，益日和普日等寺面临极大危险的珍藏品原件在此收藏，不仅安全得到保障，而且外人了解阿里古老的文明等意义非常重大。或者在地区建立"博物馆"，把四处分散（尤其是，近几年偷盗文物的犯罪分子，把古老的塔宇扒掉后，拿走佛像和唐卡，而里头的8、9百年历史的典籍随处乱扔，被风吹遍四处）的珍贵典籍收集（第一步收集，第二步挖掘、整理）到里面，（在抢救和保护好原件的前提下，具体抢救的方法为出版、制造CD、复制、扫描、由数码相机或录象机拍摄和其它方法等。仅此一项文化工程，需要不少经费，如果得到经费，我们有能力承担这项迫在眉睫的文化抢救工程，这更是我们义不容辞的责任）

藏传佛教阿里传播史要

第一节 原始苯教

苯波教是佛教传入藏区以前，整个藏族地区的原始宗教，有它相当深厚的信仰和文化基础，是藏民族的土著宗教，阿里也是苯波教的发祥地之一，曾经是原始苯波教盛行的地方，据藏文佛学典籍记载，公元九世纪，末代赞普朗达玛在苯波教势力的唆使下，在前后藏地区大规模灭佛时，前藏的名僧藏绕色、粤格琼和玛释迦牟尼等无法忍受对佛法的打击，遂携带佛法戒律等经籍逃往西部阿里，适遇较强的本教势力，无法安身立命。于是，又前往阿里北部的阗田，此地佛法趋于下坡路，加以文化各异，语言不通，无法实现传法的目的，不得已由此辗转继续逃奔佛教势力较强的吐蕃东部边缘河西地带。从这里可以看出当年在吐蕃西部即阿里地方苯波教的盛事程度。但是，自十世纪起，随着佛教后弘期上路弘法的形成和发展，原始苯波教随之消亡。据《阿里王统记》所载，吐蕃赞普后裔来到阿里以前，这里盛行苯波教，在世者信仰背道与三宝，过世者埋葬于墓地，并放入大量的随葬品，以及一些祭祀牲畜的现象。据《拉喇嘛益西维传》记载有，所有的苯波教传播者关进一间房子后立即放火焚烧，苯波教的经籍，有的扔进水中，被水冲走，有的焚毁，有的埋入地下，很多被风吹遍四方，以王朝的政治势力，给本教以沉重打击，葬送了其存在的命运。然而，到了二十世纪三、四年代，佛教化的苯波教在阿里传播，并由琼珠·晋美南喀在象泉河上游北岸建立了阿里地区唯一的一座苯波教寺庙，即古茹江寺，可直到今日，苯波教在阿里地区境内没有形成势力，更谈不上雄厚的群众信仰基础。

原始苯波教巫师尚咒术，重鬼神，崇拜自然，把宇宙分为三个部分等原始苯波教的各种现象在广大农牧区普遍存在，他们称天上的神为“拉”，认为它能使人间降祸，也能使人间受福，在一定程度上人间福祸的命运掌握在天神的手里。地上的主宰者称“赞”，认为它无处不在，无处不存，每个地有地方神，山有山神，岩有岩神，村有村神，户有户神，人有生神（认为它附体于你，伴随你的终生，如果它从你的身上离开了，那么恶魔、病魔乘虚而入，灾祸疾病就会立即降临，甚至会夺走你的生命），灶有灶神等。地下的控制者称为“鲁”，认为它是江河、湖水、植被树木之神，如果你随意触摸或污染它们，那么灾难将降临到你的头上，总之，这些无处不在的“拉”、“赞”和“鲁”支配着整个大千世界，左右着人间和有生命者的命运、祸福和存亡。这是原始苯波教最基本的崇拜现象，即便佛教传播较深的地方，在广大农牧民的观念中这种原始崇拜根深蒂固。

第二节 藏传佛教

佛教传入阿里地区始于吐蕃王朝的征服，传播的线路是自前后藏之普兰和扎布让，沿着举世闻名的马泉河等四条河流由东向西渐或由克什米尔沿着象泉河、狮泉河等由东西渐。因此，地处佛教文化盛行的印度北部与吐蕃交通要道的西部阿里，历代为佛教文化传播和发展的重要地区，尤其是，随着十世纪末西藏西部名刹托林寺的创建，十一世纪初印度佛学大师阿地峡的到来，于公元1073年影响藏传佛教历史进程之火龙年大法会的举行，这里的佛教在原有的基础上，又渗入了许多新的内容，形成了独特的藏传佛教上路弘法。

一、宁玛派

藏传佛教宁玛派之“宁玛”一词在藏语中有两种意思亦即“古派”或“旧派”之义。“古派”指古老、从前等义，8世纪前后藏族和印度佛学家们翻译的经典称为旧译或前译，诸如，古密典籍怛特罗为主各类经籍，继承和弘扬这些旧译经典者为“古派”或“旧派”，它比藏传佛教其它各派的起源要早300年左右，因此被称为古老的一派或旧的一派即“宁玛派”。这一派是十一世纪藏传佛教著名僧人素尔波切·释迦炯鼐、素尔琼，西绕扎巴和释迦森格祖孙三代(即:三素尔)等人创立。他们及其追随者们奉八世纪吐蕃赞普赤松德赞王时期，印度著名密教高僧莲花生大师、无垢友、遍照护等所传的密法教授。

公园十、十一世纪藏传佛教后弘期著名大译师仁钦桑布等把密宗续部经典从梵文翻译成藏文。仁钦桑布还在阿里广收徒弟，传播新密教派，建立了传教基地普兰的廓迦寺，古格的托林寺和拉达克的聂玛寺等为主的上百座新密教派传教场所，新密教派在阿里非常盛行，阿里历史上新密教或宁玛萨玛(新密)传播的鼎盛时期。

公元十四世纪，前藏著名佛学大师隆钦，绕江巴广学显密一切教法，广传宁玛派，并且著有《隆钦七藏》、《精义四支》、《三安息》和《三自解说》等佛学典籍二百余种，大力倡导宁玛派。到了十六世纪末和十七世纪初，佛学大师扎西朵杰在前藏雅鲁藏布江中游北岸创建了多吉扎寺，被称为北传宁玛派祖寺，该传承支派的修行大师曲尼桑布于公元十七世纪来到阿里后，在神山南边赤达波日的古仓普洞内修行多年，并由当地头人为施主，提供资助后建立了静猛天众殿堂（内供奉寂静和勇猛神佛会众），这里成了宁玛北传派的传教基地。曲尼桑布大师在离赤达波日二十公里的顿曲地方建立顿曲寺，此寺也是宁玛北传派弘扬和传播的地方，到了十八世纪，第七世达拉喇嘛时，把顿曲寺变成了托林寺的属寺，即成了格鲁派寺庙。曲尼桑布大师的名弟子益西班丹来到古格下南部之拉巴后，把原有的新密派寺庙即拉巴寺扩建后，改为宁玛北传派的传教之地，在此地传播宁玛北传派起了很大的作用。另外，在扎达县萨让乡日巴村也有一座宁玛派寺庙，到了十七世纪改为格鲁派，但其内供大部分属于宁玛派，住持也是信奉宁玛派的高僧，可以娶妻生子，被当地人称为彭僧（意为持瓶者）。

二、萨迦派

萨迦派是公元十一世纪由著名的佛学大师贡觉宁波创建。贡觉宁波自幼从父兄学习宁玛派。此时是藏传佛教后宏期的兴盛时期，前后藏和上部阿里等纷纷引请印度的佛学大师，与藏区的译师一道翻译大量佛学经籍。其中，后藏的卓弥译师释迦益西传授“道果法”而名扬全藏，是“拉堆”一带屈指可数的佛学大师。于是，贡觉宁波拜他为师，刻苦钻研佛法，很快成了释迦益西的得意弟子，并开始在后藏颇有名气，为了建立恩师开创的“道果法”传授基地，于公元1073年在萨迦地方建立萨迦寺，从此萨迦寺成了传承和教授“道果法”的基地。后来出现了萨迦派历史上有名的“萨迦五祖”，继承、弘扬和传播了显、密等佛学内容和大、小五明等，萨迦派的名声远播全藏区。

萨迦派在密宗方面也卓有成就，形成了欧尔派等三个支派，这三个支派都继承和弘扬了萨迦派著名的密教大师喇嘛当巴索南坚赞的传统。欧尔派是于公元十五世纪萨迦高僧贡噶桑布创立。他出生在萨迦,并自幼在萨迦接受良好的教育,出家后,拜佛陀释利等高师广学显密经籍,接受完整的“道果”理论,压倒群雄,成了德高望重的高僧,并登上了萨迦寺堪布的宝座。当时,从前后藏各地前来拜他为师学习、受戒的学徒高达上万名。他还前往西藏各地传授萨迦派,公元十五世纪初曾三次前往阿里,在孔雀河谷流域和象泉河谷流域到处收徒传法,讲授“道果教授”和“喜金刚修法”等,一时萨迦派密法和放咒传统在普兰和古格十分盛行,并在他的影响下在古格建立了皮央和热布杰林寺,在普兰把有名的廓迦寺和喜德林寺变成了萨迦派寺庙。他的弟子和再传弟子传遍古格、普兰和木斯唐等地。公元1492年,在后藏建立了俄旺曲德寺,该寺成了在后藏传播萨迦派密法的重要场所,在阿里的皮央和廓迦等也成了俄旺曲德寺的属寺,学徒和高僧来往频繁,就连欧派重要大师欧钦贡噶桑布和贡噶伦珠等都到过阿里,还多年在阿里传法收徒,故此,在阿里萨迦南寺密教欧派势力相当雄厚,至今有一定的影响。

三、噶举派

藏传佛教噶举派,旧译迦举派,公元十一、二世纪藏传佛教后弘时期发展起来的,是重视密宗学习,而密宗学习又必须通过口耳相承,从不间断。“噶”,是指师长的言教或佛语;“举”,意为传承,传承金刚持佛亲口所传授密咒教义的者。合译意为“佛语以口授传承”。藏传佛教噶举派特别注重密法修炼,尤其是,强调传教以师徒相承,修行秘诀以口语传授,耳听心会,注重密法,不重经典,故此被称为“噶举派”亦即口头传承派。通常所说的噶举派就是指达波噶举而言。这一教派的创始人是米拉日巴的弟子达波拉杰，本名索南仁钦，其教法渊于印度著名的佛学大师帝罗巴、纳若巴和西藏著名的译师玛尔巴。

它是藏传佛教的主要教派之一，该派分为两大支系，一支由玛尔巴（1012－1197）译师传出，由米拉日巴和欧顿曲朵等四大名弟子继承和弘扬，由博学多才的达波拉杰发扬光大并正式形成独立门派的教派，名为达布噶举，主要在前藏地区形成。此派实力雄厚，支系繁多，从该派又发展出四个支派，其中的帕竹噶举又分支出八个小支派。这个教派一直流传下来。即使支系众多，教法复杂，分布广，但是其教规、传承方法、教义和重修炼等上大同小异，不存在大相径庭的问题。在政治上其中一些不是直接控制过西藏地方政权，就是独占一方的封建势力。该派的密法均来自印度。该派的主要学说是月称的中观见，重视"大手印"、"欢喜金刚"等，不重文字，重在依理论实修，从而达到大印的智慧。先苦修"拙火定"，然后再修"纳茹六法"等。

另一个支系由琼布鼐觉（990－1140）传出的传承系统，他曾赴尼婆罗、印度各地，拜谒诸多的名师，学习很多密法理论和实践方法，返藏后在后藏的香地（今南木林一带）修建上百座寺院，门徒众多，逐渐形成该派。被称为香巴噶举。主要在后藏地方形成和发展，但是，到了14、15世纪左右便已衰落无闻了。

（一）、止贡噶举派

本派系帕竹弟子觉巴·杰丹贡布所首创。杰丹贡布（1143－1217）幼年拜帕莫竹巴大师，37岁，在拉萨东北边建止贡寺（公元1179年），宏传帕竹所传教授。到了第五代法嗣窘仁布齐时，建立了止贡万户长，其势力扩张到甲尔和达布等地。后来的三任万户长期间与连续与萨迦派发生冲突，时赢时失，但是到了脱卡仁钦森格任法嗣之际，借助蒙古旭兀烈的兵力袭击萨迦，但是，萨迦也利用势力雄厚的蒙古汗忽必烈力量有力地打击了止贡派的攻击，给以止贡派沉重的打击，失去了大片的土地和人力财源，后来即使联合帕莫竹巴试图对抗萨迦，可是始终没有奏效，政治上没有形成什么规模。在宗教方面其影响还是很大，从西藏西部的上部阿里三围到东部的神山杂日都有它的传教基地，高僧大德辈出，为藏传佛教文化的传播立下了极大的功劳。该教派以严守律戎，博学多才而著称，传授知识的能力很强，追随弟子甚多。觉巴杰丹贡布在世时，每年夏季，讲经听众曾达五万多人，授戒的达十万多人。于藏历铁虎年（公元1290年）止贡寺焚烧受损。从此，逐渐衰落。止贡派的法要主要也是显密融合如《三戒一要》等，止贡所传《大印》就是用大悲心与大手印结合而修的，其它还有空性与菩提心结合，空性与缘起因果结合，与四无量心结合等，认为这样结合便是二谛双融之旨。密乘方面止贡的《五具》是导入大印的方便道。

（二）、竹巴噶举派

创始人为林热·白玛多吉（1128－1188）。三十八岁时来到藏南河谷，拜谒帕莫竹巴大师，潜心学习纳若六法和大手印等的讲解与导引，后云游前后藏的很多名胜僻静地带，在日龙寺传教多年，该寺成了竹巴噶举派的初传驻锡地。

林热·白玛多吉最得意的弟子卓衮藏巴迦热（1161－1211）跟随老师，学习《纳若六法》和《俱生和合》等密教知识。该派成就者们的悟道境界非常高，他们都能修成内外风息合一，用毅力控制一切烦恼，得和蔼平静的境界。藏巴迦热晚年创建修竹寺，该派以此为基地，向四方扩张，发展势头之快，令人惊奇。在前后藏和阿里等地流传着这样的口头谗，藏人中一半是竹巴噶举派的信徒，在竹巴信徒中，一半是具有很高悟道的成就者，而这些成就者当中一半是云游僧，无固定的地方，到处云游靠行乞生存，该派僧人还特注重修炼，凭修炼出真挚，不玩弄一知半解的知识，勤学苦练，掌握真本领，因为，有了好的传统，一个个都是大成就者。藏迦热的弟子很多，后来，按照不同地方的传播，又形成了上、下和中三个支系。上竹巴为阿里三围为主要传播地域，下竹巴或南竹巴为藏南地带或现在的不丹王国地方为传播中心，中竹巴则拉萨河下游北边的竹寺为驻锡地，形成了各自的传播特色。中竹巴的历史和特色等已在上面述及，下面主要简述上、下竹巴派。

上竹巴，创始人为郭仓巴·贡布多吉（1189－1258）。他是前藏洛扎地方人，幼小时拜几位有名的噶当派大师，学习和接受道次第、中观和因明等知识，19 岁，依藏巴迦热，很快成了他最得意的弟子之一，多年跟随他学习修炼和修定的方法、以及皈依、发心等基本功，藏巴迦热大师给他传授了《俱生和合》、《方便导引》、《平等一味》等密法。依照该派的传统，他曾云游前后藏的很多名胜圣地，后游到阿里三围，在神山、圣湖周围修炼多年，开创了神山、圣湖的转经道路，并在阿里收有普日、加当等八大弟子，该派在阿里的传播和发展奠定了基础，做出极大的贡献，至今在阿里他的名字家喻户晓，妇孺皆知。因该派主要在上部阿里三围传播和鸿扬故称上竹巴。

下竹巴，该派的创始人为罗日巴·旺久尊追（1187－1250）亦为藏巴迦热的名弟子之一，依迦热大师接受《拙火定》，并从他处受了比丘戒，在前后藏和阿里等地修行传法多年，55 岁晚年在藏南门玉地方创建了下竹巴派有名的住锡地塔巴林寺，后成为下竹巴派的主寺。由于该派主要在藏南地区传播和发展，故而又称为南竹巴派。罗日巴大师的弟子非常多，到处建寺收徒，始形成一个在整个藏区影响很大的派系。后来，南竹巴派主要在不丹地区传播，其影响也非常大，在整个达波噶举派中占有主要的位置。还曾一度成了格鲁派主要对手。该派也和其它噶举派支系一样，主要教授《八大导引》、《八小导引》、《六类法》等。它的特点是注重诚意和信心，轻视离心和多意者。

四、格鲁派

在藏传佛教各教派中，形成最晚的是格鲁派。它的开山鼻祖宗喀巴大师，于 1357 年诞生在今青海省湟中县鲁沙尔地方，于 1372 年，16 岁时，来到前后藏深造，主要学习显教经典。尤其是，萨迦派著名的佛学大师仁达瓦对他的影响最大，他天资聪慧，即学即通，以压倒群雄的辩经能力，很快成了出类拔萃的佛学大师，以后又系统、深入和全面地学习、接受了噶当派经典传承和教授传承，贯通噶当派的精神精粹的基础上，自己对显密经典的造诣，逐步形成了自己的理论体系，并提倡僧人不分显密都必须严格遵守纪律，他依据佛教经典，提倡遵守佛教戒律，阐明显密关系，规定学佛次第，据此制定了僧人们的生活准则，寺院的组织体系，僧人的学经程序和取舍标准等。为了有个长久的传教基地，他于 1409 年，在拉萨东北建筑了甘丹寺，该派也由此形成。并由他的几大名弟子即加曹杰和克珠杰等继承、宏扬他的思想体系，宗喀巴创建的格鲁派日趋成熟，后来在它不断发展、壮大的过程中，渐渐与噶厦政府的政治势力相结合,最终成了势力最大,影响最深,与其它教派无法比拟的大教派。

格鲁派于公元十五世纪开始传入西藏西部的上部阿里。当时,在古格土生土长的阿旺扎巴来到前后藏,并拜宗喀巴为师,钻研显密诸经,成了宗喀巴大师的六大名徒弟之一。学成后,他毅然返回古格故域,在古格传播格鲁派,格鲁派势力开始向象泉河谷流域的古格王境域不断发展。起初他在自己的故乡象泉河北边的东噶寺传教,由于他渊博的学识,鹊起的名声,其影响波及整个象泉河流域,甚至古格王室成员敬仰他的博学和才华。于是,古格王杰丹旺久拜噶德亲自前往东噶拜访他,并邀请他到离古格王宫不远托林寺传教、授课。阿旺扎巴应声来到托林寺,还不时地前往古格王宫,给国王传授显密精意,托林寺也成了格鲁派在古格的传教中心,在古格王的扶持下,阿旺扎巴成了托林寺的第一任主持。他的影响愈来愈大,格鲁派的影响也日渐昌隆,古格王国统治的境域内兴起了崇尚格鲁派的热潮,出现了大量出家的当地僧尼,从他以后有过曲杰楚臣西尼、象雄曲旺扎巴、江央欣帝等在全西藏范围内有影响的佛学大师及其几十任托林寺主持,格鲁派的寺庙遍及所有古格王国境域,诸如,东布、达巴、莽囊、东噶、朵香、喀泽和萨让等。在托林建立了红殿、白殿规模宏大的建筑,在古格王宫下面建筑了大威德殿、红殿、白殿和度母殿以及王宫附近的罗当寺。僧尼数目达上千名,尤其是,当拉尊阿旺罗桑丹拜尼玛任第十三任主持时(1618 年),应末代古格王赤扎巴扎西之邀,第四世班禅大师罗桑曲杰坚赞来到托林寺,从此格鲁派在西藏西部的传播达到高潮。

公元十七世纪三十年代,拉达克国王使用武力政府了古格王国，并统治此地达五十年之久。在此期间，以托林寺为主的格鲁派寺庙和僧尼倍受摧残，各个格鲁派寺内为数众多的佛像、经书等价值连城的供物被劫掠，许多塔林也被毁坏。各殿堂内的壁画横遭破坏，在寺庙内存放的粮食被掠为军饷。拉达克官兵如此摧残格鲁派寺庙和僧尼的原因是他们信奉竹巴噶举派，他们害怕来自格鲁派的威胁和前后藏格鲁派的政治势力，因此以先下手为强之势给以它沉重的打击。

十七世纪八十年代，由于藏传佛教格鲁派和不丹竹巴噶举派之间矛盾的不断激化，最终导致了信奉不丹竹巴噶举派的拉达克和西藏之间的战争。拉达克王暂时把其势力从象泉河流域移出，调往前后藏，进攻萨噶、喜噶等地。以支持不丹竹巴噶举法王，他们还声言，不能坐视不丹法王遭受欺凌，而横遭灭教之灾。于是，五世达赖喇嘛阿旺罗桑加措和达赖汗等藏蒙官员共同商讨对策，最后一致决定派一支藏蒙骑兵联合击退拉达克军。由达赖汗堂兄甘丹才旺拜桑布统率的联军，把拉达克军队追逐到其首府列城，迫使拉达克人把抢掠的众多贵重品归还托林寺等格鲁派的各个寺庙。尽管如此，古格境域内的格鲁派寺庙经此劫难仍然遭受极大破坏。由于古格王国境内的格鲁派寺庙对噶厦政府在阿里建立政教和一制度非常重要，因此，甘丹才旺拜桑布注重保护和扶持以托林寺为主的各格鲁派寺庙，为日后格鲁派势力在阿里重新兴盛起了很大的作用。

十八世纪九十年代初期，西藏地方政府官员非常重视格鲁派在阿里的重要寺庙托林寺等。因为，在托林寺内有噶当派祖师阿底夏的宝座，而格鲁派其实就是新的噶当派，所以他们认为阿底夏的宝座与宗喀巴大师在甘丹寺的赤巴宝座一样重要，于是，决定派拉萨夏泽和江泽曲杰，轮任托林寺的主持或阿底夏大师宝座的继任者。当时，派去任托林寺主持或赤巴的有，江泽曲杰安多金巴加措（第四十六任甘丹寺赤巴），他回来后又派去了夏泽曲杰康帮泊罗桑群培（第四十七任甘丹寺赤巴）等，他们对巩固格鲁派在阿里的地位起了举足轻重的作用。

十八世纪中期，第七世达赖喇嘛格桑加措亲自任命自己的经师赤钦阿旺曲丹（他既是第一世热振寺活佛，又是第五十四任甘丹寺赤巴）为托林寺的堪布或托林寺赤巴的继任者，因为他属于色拉寺杰巴扎仓，从此，形成惯例，历任托林寺的堪布由色拉寺杰巴扎仓派出，以后便慢慢形成了一套完整的选拔与任用制度。亦即托林寺的堪布直接派自拉萨的格鲁派三大寺之一，色拉寺的杰巴扎仓。托林寺成了色拉寺的属寺。托林寺下面的二十五个属寺都成了格鲁派，自此格鲁派在象泉河谷流域完全扎下了根，并且，孔雀河流域的贤佩林寺、噶尔扎西岗寺、日土伦珠曲德林寺都是格鲁派在阿里政教合一制度的宗教中心和格鲁派的传播和控制中心。

赤钦阿旺曲丹来到阿里的托林寺后，对在阿里的托林寺和扎西岗寺等格鲁派寺庙进行了全面的整治，对格鲁派在阿里的再次兴盛起了决定性的作用。犹如宗喀巴大师是甘丹寺的第一任甘丹赤巴一样，赤钦阿旺曲丹作为托林寺的第一任赤巴，阿里百姓对他与宗喀巴大师一样地受到尊敬，因此，格鲁派深深地透射到阿里百姓的心目中。自赤钦阿旺曲丹起，托林寺始置赤巴宝座，以示格鲁派在这儿的权威性。以后有资格登上这个宝座的堪布，应必须具备措冉巴格西的头衔，而且还必须从色拉寺具有一定威信的五个措冉巴格西中精心挑选。挑选时，由历任达赖喇嘛亲自多次面试，详细了解他们的具体情况，最终选定德高望重、学识出众者。历辈达赖喇嘛还亲自给他摸顶，并在数千名僧众的众目睽睽下，赐给他一个极为珍贵的金制马额顶戴和五件上等的哔叽（一种细软的精细毛织物），以示宠信与权威。这就充分显示了西藏政教合一制度的宗教势力格鲁派对阿里边境地区的高度重视以及格鲁派在阿里地区的影响力和不可替代的威望。

藏传佛教与社会主义社会相适应问题的思考

一、西藏宗教工作的现状

随着平叛改革的进行和西藏宗教赖以存在的阶级根源不复存在，随着政教的彻底分离，西藏宗教的政治本质发生了根本性的变化，被宗教束缚的人们的精神有了彻底的变化，这些变化是，西藏宗教在一千多年的历史发展过程中所未有过的带有重大历史意义的变化。广大翻身解放的信徒们和宗教界爱国人士拥护共产党的领导，拥护优越的社会主义制度，享受正确的宗教政策带来的幸福美满的生活。宗教信仰者和不信仰者之间的矛盾是人民内部的矛盾，中国共产党领导的西藏社会主义社会为发挥宗教的积极因素、抑制消极因素创造了有利条件，使藏传佛教社会作用中的积极面得到支持和鼓励，消极面得到约束和抑制；并时刻推动西藏宗教走向与社会主义社会更加相适应的正确方向。

二、藏传佛教如何与社会主义社会相适应问题

众所周知，藏传佛教是一种古老而悠久的社会意识形态，也是一种文化现象，更是社会发展的产物，同自然一样有其产生、发展、消亡的规律，它是一种社会现象。宗教的产生、发展、消亡必须同社会发展所具备的条件相适应才能同步实现。在西藏藏传佛教要与西藏的现实社会主义社会相适应，是它的依托和归宿，也是它的前途和希望。这是在它自身的发展史中早已证明了这一点的了，自从吐蕃王朝时期已证明，社会存在决定社会意识；最早传入吐蕃的佛教为与当时的西藏社

会相适应，它以“渗入王室于治善道”来适应吐蕃政权；灵活运用和吸收吐蕃传统文化民间思想来解释自身教理和戒律，以与苯教为主流的多元文化相适应和会通。通过发挥苯教思想和吐蕃社会化功能来与吐蕃社会的各个阶层相适应。也就是这样才有藏传佛教的存在的历史。纵观藏传佛教历史的发展存在就是历史上与社会相适应发展的结果，一切逆历史潮流而动的西藏宗教，都会被社会发展的潮流所吞没、消失。一切适应者会生存、发展，这是事物发展的规律，也是历史的辩证法，即适者生，逆者亡。无论何时，要认真贯彻党的宗教工作方针、政策，充分发挥宗教界人士的作用，协助有关部门建立健全藏传佛教寺庙管理长效机制，积极参与寺庙法制宣传教育，切实做好宗教工作，促进宗教和睦、社会稳定，与社会主义社会相适应。很多宗教界高层人士也一再指出，西藏的宗教界一定要进一步服务科学发展，以更多的精力发展经济、勤劳致富，共同创造更加美好的生活，要坚持正确的政治方向，弘扬爱国爱教、团结进步、服务社会的优良传统，大力倡导宗教和谐，发挥自身独特优势，积极参与社会矛盾化解活动，社会和谐稳定，要贯彻党的宗教工作基本方针和《宗教事务条例》，加强宗教自身建设，培养造就一批宗教上有造诣，群众中有威信，更好地发挥宗教团体联系信教群众的桥梁纽带作用。

关于藏传佛教如何与社会主义社会相适应的问题上，对于藏传佛教来说，与社会主义社会相适应应该具备三个重要的条件，一是，从佛教的本质可以与社会主义社会相适应，佛教的精髓是“大慈大悲”，佛教的准则是“不伤害任何生命”，佛教的特点是“恶行自断”，佛教的宗旨是“普渡众生”。所以，如果真的依照佛教教义作为自己的行为规范的话，就能够与社会主义社会相适应，并为自己所处的社会和人民做出贡献。二是，从社会制度来讲完全可以与社会主义社会相适应，众所周知的，西藏民主改革后进行了政教分离，对佛教来讲符合佛教的性质，成了净化宗教的好事，正如佛祖释迦牟尼，虽然出生与高贵的王族，可以终生享受荣华富贵，可是他对尘世的不平深恶痛绝，毅然决然地放弃舒适的王子生活，探究佛法，化缘为生，苦修正果，达到觉悟的境界。可是，有些后来者却总是垂涎权贵，与佛教的宗旨背道而驰，成了世人的笑柄。在西藏的历史上诸多高僧大德或各教派的创始者都是德高望重的宗教领袖，与世俗毫无相干，诸如，宁玛派、噶举派、噶当派和格鲁派的创始者。三是，从党的宗教政策和法律法规上来讲，我党的宗教政策是完全正确的，这就是归结为四句话，也就是，“全面正确地贯彻党的宗教信仰自由政策、依法加强对宗教事务的管理、坚持独立自主自办原则、积极引导宗教与社会主义主义社会相适应”。国家制定《宗教事务条例》，更为信教群众的利益提供了具体的法律保障。相适应的核心是爱国爱教，宗教界人士要高举的是“爱国爱教旗帜，需要努力的是“团结进步”，要大力做的是“护国利民”。要弘扬藏传佛教“爱国爱教”的优良传统，为国家的统一和各民族的团结进步做出贡献，宗教走与社会主义社会相适应的道路才有光明的前途。

三、藏传佛教与社会主义社会相适应工作的思考

在我区建立寺庙管理和宗教活动新秩序，不能仅仅采取头疼医头、脚疼医脚的局部性对策，仅仅满足于隔靴搔痒、浅尝辄止的表层性措施，要把西藏宗教工作的长期性、群众性、

复杂性、艰巨性和全局性的战略高度建立在寺庙管理和宗教活动新秩序上。从影响寺庙和全区社会稳定的突出问题入手取得突破，要从源头上加强寺庙和宗教事务的管理，应符合自身的特点和客观规律，依照实际情况，标本兼治，重在治本，真正实现从被动应付到主动治理转变。

（一）督促指导落实好寺庙的各项规章制度

在原有的基础上进一步建立和完善寺庙各项管理制度和各级党政领导干部定点联系寺庙制度，坚持宗教事务分级负责和属地管理原则，建立健全县、乡、村三级宗教管理网络，县、乡、村、寺庙要层层签订责任书，认真落实目标管理责任制，做到寺庙属地管理任务层层分解，责任到人，确保基层宗教工作正常有序，努力实现宗教事务管理工作的“四个转变”，即由单纯依靠政策管理向政策指导下的依法管理为主转变，由单纯依靠行政外部管理向行政管理与宗教界自我管理相结合转变，由属地管理分割向属地管理与区域协作管埋并举转变，由就管理抓管理向重点引导宗教与全面建设小康西藏、平安西藏、和谐西藏相适应转变。

切实抓好寺庙各项规章制度的落实工作。对过去已经建立各项规章制度的寺庙，要抓好落实工作，对没有建立规章制度的寺庙，要把制度及时健全和完善起来；真正做到有章可循、有章必循、运转有序的管理体系。同时要建立有效的寺庙规章执行监督机制，确保各项规章制度落到实处。各地寺庙结合自身实际建立健全学习、佛事活动、综合治理、财务管理、请销假、重大事项报告、僧尼入寺及退寺、文物保护、卫生、以寺养寺等方面的规章制度，各乡镇要督促指导寺庙将各项规章制度，并一一落到实处，促进寺庙各项管理工作进一步走上规范化轨道。

（二）在学经制度和戒律修持方面可一定程度借鉴寺庙原有的规章制度

藏传佛教的教义、教理、教规、戒律，以及它的思想对于信仰这种宗教的社会群体而言，不仅是他们必须遵守的伦理规范，而且还是社会群体所有成员强制服从遵行的律法规定和准则。因此我们以这种准则来衡量僧尼的全面素质。公元十四世纪末和十五世纪初藏传佛教著名的佛学大师宗喀巴的“宗教改革”是针对当时西藏社会的实际情况，以及藏传佛教萨迦派和噶举派出现的一些弊端而发起的一场改良运动，其初旨是还以佛教脱离尘世政治思想的本来面目。宗喀巴从吸收阿底峡戒律思想入手，创立了格鲁派（格鲁意为善规）。其严格学经制度和严守戒律是改革的核心。其实，对于一座寺庙来说，严格学经制度非常重要，如果忽视了学经制度的建设，那么未来很难找出宗教上很有造诣的爱国宗教人才。宗教五性当中，长期性非常重要，为此，我们也要有长远的目光，要培养严守戒律爱国进步的高僧大德，我们知道，藏传佛教寺庙管理有其独特的传统方式，即严格的戒律管理制度，应该取其精华、去其糟粕，借鉴寺庙原有的规章制度，重视发挥和利用戒律的作用，加强宗教界自身的管理，做到僧要像僧，尼姑要像尼姑，戒律严密，受人尊敬的僧尼，发挥他们严格戒律爱国爱教方面的积极作用。如果寺庙里的所有僧尼遵从严格的戒律和寺庙规章制度，那么对于稳定寺庙和稳定社会方面能够做出他们应有的贡献。

（三）帮助寺庙和僧尼解决实际困难

为确保寺庙各项工作顺利进行，应积极创造条件，让广大僧尼听到党和国家爱护他们的声音，感受到党和政府的关怀，确保寺庙各项工作顺利进行。根据发展形势，尽快将寺庙“六通”工作纳入乡（镇）村建设项目内，建议将僧舍及其它基础设施建设纳入到新农村建设和安居工程建设当中，与群众同等对待；将无生活来源的老僧人列入低保对象或五保户，切实解决他们的实际困难。还有，为充分体现党和政府对合法宗教活动场所，尤其是对爱国守法寺庙的关怀，调动广大僧尼的积极性，有关上级部门可以把寺庙维修作为一项特殊项目给予适当帮助，并对一些特殊地区进行适当的政策倾斜。另外，要帮助那些比较困难的寺庙提高自养能力，改善僧尼生活，减轻信教群众的经济负担。总之，根据寺庙的情况，要努力为僧尼解决一些实际困难，特别是僧尼的生活、住房等问题。积极申请寺庙维修资金，采取区、地、县结合、整合资金的方法，对一些年久失修的寺庙僧舍进行维护，为保护文物和寺庙开展正常的宗教活动提供帮助，使广大僧尼深切感受到党和政府的关怀。

（四）建立寺庙自我管理机制

我区寺庙民管会组织是宗教领域内推翻黑暗的封建农奴制度和政教彻底分离的产物，是我区佛教和苯教界之符合实际的自我管理组织，更是西藏和平解放和民主改革的胜利成果。自从我区寺庙民主改革以来，先后制定过三份寺庙民主管理会章程。昌都地区强巴林寺等坚持爱国进步，自我管理能力强的寺庙，在加强自身内部建设，探索建立自我发展、自我管理、自立自养等各方面取得了一定的成绩，积累了不少行之有效经验。日喀则地区扎什伦布寺，从寺庙民管会产生至寺庙自身的组织结构、制度建立、措施落实、实行各种形式的责任制等方面,已形成了一套切实可行的自我管理机制。首先,这种自我管理机制规范了寺庙民管会的产生、任期和职责。寺庙民管会成员经民主协商推举爱国爱教、遵师守戒、颇富佛学造诣、有威信、热心寺庙管理、建设的人为候选人,经由僧人代表投票,得票超过半数者当选。寺庙民管会成员任期三年或五年不等,凡重要事项,均由寺庙民管会讨论决定,具体事宜由各中层机构负责人负责。其次,健全了整个寺庙的组织架构和管理模式。寺庙民管会下设教务、总务、财务、公务、治安等办公室。再次,把依法管理与自我管理紧密地结合起来,寺管会既强调依法管理,又通过各种方式遵从传统严格的内在戒律约束性,建立健全和完善相关制度。另外,扎什伦布寺民管会成员们,积极主动与政府宗教管理机构加强沟通,积极服务广大信徒和社会,在维护寺庙稳定方面发挥了积极作用。扎什伦布寺民管会班子成员,每季度或有重大事情需要决定时召开会议。这样做的目的是一方面监督寺庙民管会工作,另一方面是充分反映众僧人的意见和建议。僧人代表大会在加强寺庙管理、严格寺庙财务、规范僧舍建设、搞好以寺养寺等方面,都提出过许多富有建设性的意见,为促进寺庙管理工作起到了积极作用。这是个成功的具有典型意义的管理模式,西藏其它地方的寺庙完全可以效仿,尤其是,各地(市)的大型寺庙更是如此,诸如,拉萨三大寺。这对寺庙本身的建设、满足广大信徒的信仰需求以及整个社会局势的稳定都有利有效。

四、处理好藏传佛教与藏族传统文化关系问题

(一)藏族传统文化的精髓辨析

在我国五千年文明史中,藏族传统文化,无论从内容还是

形式，都以其独特和丰富而占据重要的位置。藏族传统文化，与我国其它传统文化相比，最具特色的应该是在公元13世纪初就已经形成学科分类，形成了“大五明”和“小五明”。“大五明”为声明、因明、内明、医方明和工巧明。声明，包括语音学（也含声音的物理性质研究）、语法学、词汇学、词根学和语义学等与一般语言学有关的所有内容。因明，包括“能立与能破，及似唯悟他；现量与比量，及似唯自悟”（唐玄奘译作《入正理论》）。通俗讲，因明量学所研究的范围：第一，如何确立命题，如何准确推理，如何在具体事物上得到证明，以及如何避免在这些逻辑环节所出现的错误，从而使对方正确认识事物等等。总之，是藏传佛教的逻辑学家把自己已悟正理论证给别人的逻辑实践，亦可谓论证逻辑学说；第二，实现以上逻辑实践，首先必须涉及认识论和本体论问题，在认识和本体的关系上定位显量（感性认识）和比量（理性认识）的逻辑关系，在此基础上正确推理并证得新知。内明，是所有佛教理论和实践为内容的学科，藏传佛教显宗和密宗都要研修，学经阶段很注重因明逻辑方法论证佛家观点，修行则侧重密宗，内明的最终目的把人的善心发挥到极致，从而彻底根除自我。医方明，是指藏医和藏药学方面的学科。工巧明，包括建筑、冶炼、绘画和手工等的学科，有的传统学者从体、意和音等三方面的造型分类，把音乐也包括在此学科。“小五明”为天文学、戏剧学、诗歌学、韵律学和词藻学，除天文皆为文科方向。根据现代学科分类，以上“大五明”中的前三项属文科，后面的两项则属理工科；“小五明”中除天文学属理科，其余则属文科。

（二）藏族传统文化与寺院的关系

由于历史的原因，卫藏地区（即拉萨、日喀则）的藏族传统文化生成并发展于寺院，在藏族正统传统文化中渗透着藏传佛教的元素。目前，藏学界传统学者的观点坚持藏族正统传统文化的主要生产者与藏传佛教有着特殊的关系，始终认为藏族传统文化的内容到形式上都深深地烙上了藏传佛教的印迹。其论据是，藏族传统文化典籍，内容除了佛经之外，还有哲学、伦理、文学、艺术、历史、天文、历算、医学和建筑学等“十明”学科，堪称中华民族乃至世界文化遗产中的瑰宝。这些典籍基本都是西藏本土各教派包括噶当派、格鲁派、宁玛派、噶举派、萨迦派、觉囊派、布鲁派、普东派和希解派等在内的佛家学者的著作。如果要研究或学习其中比较高深的理论，比如量学和中观还得必须依靠寺院教授模式来研修，脱离寺院那种自由的后现代式的辩论环境，不靠论证和逻辑推理，则难以达到学精学通的境界。西藏很多寺院是接受文化传承的重要场所，为藏族传统文化的继承和发展起着重要作用。故此，在传统文化意义上讲，一般现代学院也无法代替寺院的作用。一定要正确认识寺院和文化的关系，要从以上的关系分析现实问题，解决现实问题，才能使寺院管理工作在复杂的环境中同样取得成功。宗教界人士认为，没有传承不成体统，未获得正统传承的学者被传统社会看作半路出家、班门弄斧。

（三）藏族传统文化与佛法之间的特殊关系

僧尼学习佛法和传统文化有利于我区长期平安、稳定。他们谈到，藏传佛教基本理论认为世上所有学科皆为成佛必修课程，引用至尊慈氏所说“若未通五明，圣者亦非遍知也。”因此，藏传佛教各教派对于“大五明”和“小五明”的研修，仅在方法和过程上有所区别之外，都把“五部大论”以及与之相关的十明学科作为修佛必需课程，加以认真学习和研究。依藏传佛教正统学僧看来，世间所有学科皆为该修课程，假如此生未能研修，就为来世圆满研修福分而做祈祷。他们认为证得遍知佛果，尚依因果规则，未积学因不得遍知正果。对于藏传佛教学僧来讲，研修佛典是他们佛教活动中最为重要的事情，谁能满足他们的求学欲望，谁就能够赢得广大僧尼的信任。“得人心者，得天下”是一条千古真理。只要我们认真研究，周密规划，善于管理，完全可以满足佛教学僧在各大寺院学习的要求，从而我们也能够赢得众多学僧的信任。只要我们有智慧让广大学僧全身心地投入研修佛法，让他们领悟佛教深邃的菩提心内涵，正面引导修善积德，就会安宁寺院，有利于今后我区长期稳定和平安。同时，也有利于藏族传统文化的继承和发展。

结束语

无论何时，藏传佛教要高举“爱国爱教、团结进步”的旗帜，树立与有中国特色，西藏特点的社会主义社会相适应、与中华民族伟大振兴的历史潮流相适应的观念；要围绕新的历史使命，在尊重藏传佛教自身规律的前提下，积极探索，对现有西藏佛教团体、佛教组织、佛学院和寺院的结构与机制加以合理调整，实现良性互动。藏传佛教事业的发展当以弘法利生为主，这也是适应社会主义社会的需要，二十一世纪弘法利生的主体将呈多元化，方式将更现代化，藏传佛教与西藏现实社会之间应该有一种“创造性的张力”，作为藏传佛教来说，应全面、深刻地了解西藏的社会现状和什么是中国特色和西藏特点的社会主义，把握当今世界趋势，要致力于发掘自身的宝贵精神资源，培养一批有僧德僧格、有学问的骨干精英，同时，也应学习某些藏传佛教在适应社会方面的经验，学习现代会计制度，改进藏传佛教的寺庙管理制度等。另外，藏传佛教道德有助于社会主义个人道德品质、社会公德、职业道德和家庭道德的建设，具体可以体现为藏传佛教道德对于社会道德的资源作用、促进作用、补充作用、强化作用、借鉴作用、净化作用、提升作用等等，并且，从道德关系论角度来谈，藏传佛教道德有助于人们正确处理人与自我、人与人、人与社会、人与自然这四种道德关系，而这正是社会主义道德建设的基本要求。

附件

浅论努力促进我区哲学社会科学事业的发展繁荣

江总书记去年8月7日，在北戴河与国防科技和社会科学专家座谈，当时谈到哲学社会科学与自然科学的关系时，一连用了“四个同样重要”，深刻地揭示了哲学社会科学的极端重要性。

今年4月28日，江总书记在考察中国人民大学时，又对我国哲学社会科学的发展发表重要讲话，一连用了“五个高度重视”，对全国社会科学工作者提出了具体要求，还用“五点希望”指明了广大哲学社会科学工作者的努力方向。

总书记关于哲学社会科学的两次重要讲话，是“三个代表”重要思想的有机组成部分，是我区社会科学工作者全面建设有中国特色社会主义的行动指南。在不到一年的时间内，江总书记两次集中论述哲学社会科学问题，这充分说明以江泽民同志为核心的党的第三代领导集体对哲学社会科学的高度重视。

正是在党中央的这种高度重视、关心和支持下，在广大哲学社会科学工作者的不懈努力下，近十多年来，我区哲学社会科学工作得到了很大的进展，在学科建设、基础理论研究和总结、提炼实践经验等方面都取得了不少成果，在深化改革、促进发展、维护稳定，全面推进社会主义现代化进程中发挥了不可替代的作用。时代在不断发展，社会在不断进步，哲学社会科学也必须不断创新，与时俱进。我坚信，在江总书记“八七”和“四二八”重要讲话精神的鼓舞下，我区哲学社会科学事业必将进一步发展繁荣。

努力促进我区哲学社会科学事业的发展繁荣，必须充分发挥广大哲学社会科学工作者的作用。广大哲学社会科学工作者要将江总书记的“五点希望”化为自己的自觉行动，增强创新意识，在推动理论创新、制度创新、科技创新方面不断取得新的成绩；深入改革开放和现代化建设的实践，努力对全局性、战略性、前瞻性的重大课题作出科学的理论回答；既立足中国又面向世界，努力继承和弘扬藏民族的优秀文化，积极学习借鉴祖国各兄弟民族创造的有益文化成果；坚持严谨治学、实事求是、民主求实的学风；坚持用马克思主义的立场、观点和方法指导哲学社会科学的发展。不负重托，不辱使命，多出人才，多出成果。

各级哲学社会科学的科研部门，要进一步完善新世纪哲学社会科学教学科研事业的发展规划，进一步加强科研体制的改革与创新，通过健全激励机制，进一步提高哲学社会科学专家的待遇，完善哲学社会科学人才的培育制度，为中青年科研人员尽快成才铺路、搭桥，提供舞台、创造条件。

努力促进我区哲学社会科学事业的发展繁荣，最重要的是不断增强贯彻落实“三个代表”重要思想的自觉性和坚定性。哲学社会科学，主要是帮助人们解决世界观、人生观、价值观，解决理论认识和科学思维，解决对社会发展、社会管理规律的认识和运用的科学。“三个代表”重要思想，是新的历史条件下对毛泽东思想和邓小平理论的继承和发展，是马克思主义中国化的又一个里程碑，是当代中国科学世界观、人生观、价值观的核心内容。只有用“三个代表”重要思想武装头脑，全区社科工作者们才能正确认识纷繁复杂的社会现象，提高道德素养和精神境界；因此，“三个代表”重要思想，是衡量我区哲学社会科学性质、方向和水平的根本尺度。哲学社会科学要为深化改革、促进发展、维护稳定提供精神动力和智力支持，为全面推进社会主义现代化进程营造良好的人文环境，就必须在深入研究和贯彻落实“三个代表”重要思想上做到坚定不移、坚持不懈。

我们正处在改革开放和现代化建设的伟大时代，伟大的时代需要伟大的理论，伟大的时代需要伟大的精神。在这样一个伟大的时代，哲学社会科学是大有可为的。江总书记关于哲学社会科学的两次重要讲话，构成了一个严密的科学体系。现在，指导思想、任务要求均已明确，关键就在于落实。全区哲学社会科学战线的广大科研人员们，要更加紧密地团结在以江泽民同志为核心的党中央周围，高举邓小平理论的伟大旗帜，按照“三个代表”的要求，肩负起历史重任，勤奋工作，与时俱进，为我区哲学社会科学的发展和繁荣谱写新的篇章。

试谈毫不动摇地坚持四项基本原则维护我区的长期稳定

我区地处维护祖国统一、维护国家安全的前沿，面临分裂分子的长期干扰破坏，国际反华势力也企图把我区作为“分化”、“西化”中国的突破口。西藏的稳定和发展，不仅直接关系到西藏的发展和西藏各族人民的根本利益，而且直接关系到全国稳定和发展的大局。要巩固、发展第三次西藏工作座谈会以来的稳定局面和经济建设成果，实现经济社会跨越式发展和长治久安的目标，必须增强坚持四项基本原则的自觉性。只有坚持走有中国特色的社会主义道路，只有在中国共产党领导的社会主义祖国大家庭中，才能从根本上改变西藏贫困落后的面貌，才能使西藏各族人民与全国人民一道实现共同富裕。

尤其，大量事实充分证明，影响我区稳定和社会治安的主要因素是分裂分子的分裂破坏活动。反分裂斗争是维护我区稳定的首要任务，也是社会治安综合治理要解决的主要问题。坚持批判分裂分子，揭露其分裂主义的反动本质是维护我区社会政治稳定，搞好社会治安的关键。我们作为社科工作人员，必须彻底揭露其分裂主义的反动本质，决不给分裂主义分子以任何可乘之机。我们一定要坚持马克思主义的祖国观、民族观、宗教观、文化观，增强辨别是非、判断真伪的能力，增强从政治上观察、分析和处理问题的能力。

另外，依法从重从快严厉打击严重刑事犯罪活动，是党在社会主义初级阶段惩治犯罪、维护治安的一个重要方针，是邓小平同志民主和法制思想的重要组成部分。改革开放20多年的实践证明，这个方针是完全正确的，必须旗帜鲜明，毫不动摇地贯彻，坚持依法从重从快原则，坚持“稳、准、狠”。只有这样，才能向广大人民群众显示，党和政府抓社会治安工作的坚强决心，才能消灭犯罪之气焰，长群众之志气，才能有效地落实社会治安综合治理的各项措施，才能切实地保障经济和社会的健康发展。

浅谈如何全面、准确地理解“三个代表”的科学内涵及内在联系

江总书记的“七一”讲话，是我们党面向新世纪的行动指南，它生动体现了马克思主义与当代中国实际和时代特征相结合的新飞跃，突出展现了与时俱进的理论品格，集中反映了党的第三代领导集体对马克思主义认识的新境界，新成果。《讲话》高屋建瓴，内涵丰富，政治性、理论性、战略性、针对性都很强。

尤其是，在江总书记“七一”讲话中，“三个代表”是主线和纲领，自始至终贯穿于《讲话》全篇。总书记深入、系统、全面地阐述了“三个代表”的科学内涵、历史地位和精神实质，明确指出了“三个代表”内在联系，并对党的性质、宗旨、历史任务作出新概括，涵盖党建的方方面面，贯通改革开放和社会主义现代化建设的各个领域，形成系统、完整、内在联系的整体，构成了颇具时代特征的崭新的马克思主义建党学说。

“三个代表”的科学内涵丰富而又十分具体，它提出了一系列新思想、新观点、新论断。“三个代表”的重要思想从根本上回答了在当今世界新的历史条件下，把我们党建设成一个什么样的党、怎样建设党这一根本而又敏锐的问题，深刻揭示了执政党建设的客观规律，集中体现了我们党理论创新的最新成果。“三个代表”的重要思想是总书记深入观察当今世界和中国的变化，经过广泛系统的调查研究，集中全党智慧形成的。

“三个代表”形成了完整的科学体系，把先进生产力的发展要求、先进文化的前进方向、最广大人民的根本利益融汇为一个内在联系的整体，这在历史上是首次。其重大意义，不同寻常，标志着马克思主义伟大理论创新的形成。我区社科界的理论工作者必须认真学习“三个代表”重要思想，必须全面、准确地把握三者的辨证关系和内在联系。

“三个代表”发展先进的生产力，是发展先进文化，实现最广大人民根本利益的基础条件，只有我区各行各业的各族人民，不断解放和发展生产力，才能创造更多的物质财富和精神财富，为我区文化发展和实现人民利益提供雄厚的物质基础。而代表先进文化的前进方向，则是发展生产力和实现人民根本利益的必要条件，在全区范围内大力发展符合我区区情的社会主义的文化，必将为发展生产力提供必要的文化条件和智力支持，满足广大各族人民群众的精神文化需要，这也是代表人民根本利益的重要体现。代表最广大人民的根本利益，则是目前或今后在相当长的时间内全区一切工作的出发点和归宿。最广大人民的根本利益的实现，必将极大地激发他们的积极性、主动性和创造性，从而为发展先进生产力和先进文化奠定强大无比的群众基础，提供取之不尽用之不竭的力量源泉。“三个代表”的内在联系的社会实践，必将是我区经济发展日新月异，文化园地百花盛开，人民群众意气风发，构成社会主义新西藏长治久安、全面发展的绚丽画卷。

“三个代表”具有极强的内在联系，要求我们全面衡量和坚持党的先进性。从整体上把握“三个代表”的内在联系，是正确认识党的先进性的关键所在。“三个代表”作为有机的整体，三个方面不可分割，不可缺少任何一个方面，缺少任何一个方面，都不能完整地体现党的先进性，都会导致党的性质和先进性问题上出现认识的局限和实践的偏差。江泽民同志把“三个代表”的内在联系更深刻、更全面地揭示了党的先进性。我们在学习和实践中，也只有把“三个代表”作为一个具有内在联系的完整性来看待，并把它统一于党的建设的各个方面，才能完整全面地保持党的先进性。

“三个代表”具有极强的内在联系，要求我们牢固树立全面发展、全面进步的观点。在我区“三个代表”集中体现了有西藏特色的社会主义的经济、政治和文化的本质关系，我们贯彻“三个代表”的重要思想，就要根据“三个代表”的辨证统一关系，全面落实“三个代表”的各项要求。“三个代表”的全面性要求与我区区情的全面发展要求是一致的，社会主义社会作为人类历史上崭新的社会形态，是全面发展、全面进步的社会，社会主义现代化事业是物质文明和精神文明相辅相成、协调发展的事业。我们学习贯彻“三个代表”重要思想，必须增强马克思主义唯物史观的思维能力，防止片面性和绝对化。在我区改革开放和现代化建设的实践中，继续坚持“一个中心、两件大事、三个确保”的新世纪初我区工作指导思想，进一步明确仅仅抓住实施西部大开发战略和我区社会局势稳定的良好机遇，着眼于我区的繁荣进步和长治久安，集中力量解决事关我区发展稳定全局的重大问题，用全面发展、全面进步和内在联系的观点，切实加强党的建设，促进我区经济从加快发展到跨越式发展，促进我区社会局势从基本稳定到长治久安。

与此同时，在全区范围内必须坚持科教兴国战略，增强各族人民思想道德素质和科学文化素质，为我区经济发展和社会进步提供精神动力和智力支持。所有这一切，都是为了更好地代表最广大人民的根本利益。在整个经济建设和稳定局势的过程中，都要努力全区各行各业上的广大人民群众共同享受到经济社会发展的成果，在认真考虑和兼顾不同阶层、不同方面群众利益的同时，必须首先考虑并满足最广大人民群众的切身利益实现好、维护好、发展好，把他们的积极性引导好、保护好、发挥好。只有这样，才能促进我区经济从加快发展到跨越式发展、促进我区社会局势基本稳定到长治久安等伟大事业，并才能始终获得最广泛、最可靠的群众基础和力量源泉。

江总书记“三个代表”的重要思想是马列主义、毛泽东思想、邓小评理论在新的历史条件下的新概括、新发展，是我们党的立党之本、执政之基、力量之源，是我们党新时期的政治宣言、行动纲领，是我们全区各项工作的旗帜和指导思想，更是我区社科界坚持正确的科研方向，全面推进社科界各项工作旗帜和指导思想。我们作为社科界的科研人员，一定认真学习，深刻领会其科学内涵、精神实质和内在联系，切实用“三个代表”的重要思想统一认识，指导行动。

略论保护和创新雅砻地区的传统文化

一、保护雅砻地区传统文化的重要性与必要性

优秀的中华传统文化是中华儿女几千年的心血结晶，它充分体现了中华民族深沉的民族智慧和无可限量的创造才能。它深深植根于全世界华夏后裔的心灵之中，成为一条虽然看不见、摸不着，却可把全世界的中华民族紧紧联系在一起的精神纽带。这一伟大的精神纽带是中华民族共同创造的精神财富，是我们中华民族引以自豪和骄傲精神财富，是我们中华民族屹立于世界东方的脊梁骨，藏族文明是中华文明不可缺少的组成部分，而雅砻文明是藏族文明的根和源。

上千年绵延至今的雅砻文明，创造了雅砻人民引以自豪的雅砻地区特有的传统文化。地区特色的传统文化作为藏族乃至整个中华传统文化的重要组成部分，诸如，风俗礼仪、音乐、美术、工艺、民居故典、传统节日、舞蹈、神话传说、史诗、民谣等浩如烟海、博大灿烂，是雅砻人民宝贵的世代相传的文化财富。保护这些传统文化，是对历史创造和文化传统的尊重。

传统文化是我们发展先进文化的精神血脉与延续基因，是根和源，离开了丰厚的传统文化的积淀和滋润，具有地方特色的社会主义先进文化的建设就没有根基，没有生命力。对待传统文化，不能采取历史虚无主义态度，放弃地方特色文化的独立性。尤其是，今天在经济走向全球化的时代，就更应该强调对本地特色的优秀文化传统的传承与创新。否则，就会迷失方向，丧失这个地方人民的精神支柱。那就是这个地方

的文化危机。

地方特色的传统文化具有原生态性、一次性、独特性。地方特色的传统文化更是一方水土独特的产物，它的某一独特文化形态，通常只存在于某一独特地域和人群当中。这些特色，决定了具有地方特色传统文化是一种处于相对弱势的、稀缺的、不可再生的文化形态。由此，也就决定了对它加以保护的必要性。

在现代化进程中，地方特色的传统文化受到强势的商业文化的冲击和挤压是一种普遍现象，因此许多国家和地区不约而同地加大了保护传统文化的力度。20世纪60年代，法国进行了文化史上最重要的一次文化遗产“总普查”，“大到教堂，小到汤匙”，巨细无遗，全要登记造册；日本也实施了由国家组织的“民俗资料紧急调查”、“民俗文化分布调查”、“民谣紧急调查”。到了80年代，日本又再次由政府专项拨款进行无形文化财产记录，颁布了保护民间传统文化的法律法规，举办全国民俗艺能大会等。泰国的乡镇都有一个民俗博物馆，让当地社会变迁的历史在这里缩放。他们的这些措施，极大地激发了人们对民族和地方特色文化的认同，增强了民族自信心，实足以成为我们的他山之石。

近20年来，党和政府，采取各种切实可行的措施，为保护传统文化做了大量的工作。由文化厅、局直接领导并主持完成的抢救整理三套集成的文化工程，这在区内外、国内外产生了很大的轰动效应。为传统文化保护工作者期待已久的《民族民间文化保护法》，已经在全国人大常委会进入了立法程序。但是，我们在传统文化保护工作中已经取得的成绩与亟待抢救的传统文化资源相比，仍有不少的距离。现在，“死了一个人，亡了一门艺”已不是个别现象。如不加紧抢救，许多宝贵的传统文化遗产就会失传，我们将留下永久的遗憾。

随着现代化进程、城市化步伐的加快和外来西方文化等的冲击，大批风情独特的古村落、民居及其他文化遗址遭到破坏，大量珍贵的无形文化遗产失去传承。可以说，如果我们不去保护和抢救，再过10年，很多具有地方特色的传统文化会化为乌有。

雅砻地区的情况更为严峻。雅砻是藏族文明的发祥地，丰厚的传统文化，独树一帜，多姿多彩古遗址林立的雅砻地区具有鲜明的藏族古代文明的特色，在对藏族传统文化寻根溯源时，是一枚“活化石”；雍布拉康、青瓦达泽、藏王墓群、第一块粮田、第一个农家遗址、三塔（达金朋巴、贵堂朋巴和才久朋巴）、三庙（迦萨拉康、昌珠和赞堂果喜）、三洞（日琼普、拜若普和喜扎普）等，无一不蕴涵着生动的历史和鲜活的文化。由于历史上的几次战争和文化大革命的劫难，今天它们当中很多处境不如人意，有的年久失修，有的虽有外壳却没有内涵，尤其无形文化的传承青黄不接，后继无人，老一代的不断去世，意味着很多独特文明的消失等等。这种现状充分说明，抢救雅砻地区传统文化是一项迫在眉睫的历史重任。没有抢救就谈不上建设，再不抓紧，我们就没有承担起理应承担的继往开来的历史重任，既愧对祖先，也愧对子孙。

诸如，昌珠古镇以千年古村古镇为依托，应该坚持保护为主、抢救第一、合理利用、加强管理的方针，充分利用古镇丰富的历史文化资源，古寺和古镇配套地保护好，古寺和古镇谁也离不开谁，古镇中心有古寺，古寺周围有古镇，如，古镇中的四大古老的家族（加东卧、觉玛曲弥、当噶和色古东热等）以及昌珠森康秦木等历史悠久,很有特色。因此,以历史的眼光看问题,大力发展旅游经济,走“旅游兴镇”之路。为有序开发建设,面对如此充满浓郁、悠久、和谐人文气息的古镇,沉淀了许多的传统的记忆。应该走“保护古镇区,开发新镇区”的道路。古镇应以科学的规划为基础,对全镇的文物古迹采取了严格的保护措施,对全面保存古镇的历史风貌起到重要的促进作用,致使为现实的经济发展服务。

二、创新是最有效的保护

胡锦涛同志指出:“一个没有文化底蕴的民族,一个不能不断进行文化创新的民族,是很难发展起来的,也是很难自立于世界民族之林的。”保护的责任确实十分重大,但却不是我们的终极目标。文化的本质是创造,文化建设的目的是创造生活中的真善美,文化建设的终极目标是促进人的全面发展。在文化建设中,应该清醒地认识到本地区传统文化的趋避倾向。该保护的,要悉心保护好;该规避的,也不能放任自流。地方特色的传统文化的根本出路在于创新。保护是为了进一步的创新,保护传统文化与积极进行文化创新是统一的。地方特色的传统文化,对于前人,是一种创造、一个磁场、一份承载;对于后来者,则是一种资源、一个基石、一种延续。这种延续,不是简单的保留、维持,不是庸俗的复制、调和,而是地方传统文化向现代化的转化和重塑。“古人之宝,今人宝之”并不够,推陈出新、古为今用是最值得可取的。

文化的发展是一个历史的连续体,任何新的文化体系的形成,都只能是原有文化在新的历史条件下的延续和发展,在积累中的创新。任何传统文化不是自然而然地融入先进文化的,传统总是一个特定时代的反映,是在一定历史背景下形成的，必然具有局限性，从来都是精华与糟粕并存的，继承和发展从本质上说是一种扬弃，是一个取其精华、弃其糟粕的过程，是一个不断改造更新、赋予新的内涵和时代精神的过程。这个过程，就是文化创新。

不可否认，随着现代化进程的加快，地方特色的传统文化发展的空间被压缩了。这其中有诸多因素的影响，但有些传统文化本身应对不灵活、缺乏创新能力也是一个重要原因。一方面是固步自封，不求变革而落伍于时代；另一方面则身在宝山而不自知，优秀的文化财富没有得到充分开发利用。适应时代发展又是具体的，地方传统文化只有从社会经济发展中审视定位，从文化受众需求中探寻方向，从现实生活中吸取养分，从现代精神中激活情感，从文化碰撞中开拓新意，从科学技术手段中丰富形式，才能生生不息、绵延不绝。扎朗的氆氇、措那的竹编器具、雅堆的山羊皮坎肩和措美的木碗等传统工艺，如经过现代技术的加工改进、提高，与旅游、出口"嫁接"，就有极大的发展空间。

总之，应采取切实措施推进雅砻地区传统文化的传承与创新。雅砻人民是一个富有创新精神的人民，雅砻地方文化传统本身就蕴涵着一种创新精神，我们并不缺乏创新的传统和动力。这种创新精神，一定能推进雅砻地方传统文化保护的同时，会有新的发展，使之更加生动、新鲜，为雅砻地方的现代化进程中起到应起的巨大作用。让我们大家携起手来为弘杨民族传统文化，要像保护我们赖以生存的环境一样保护和弘扬民族文化。让光辉灿烂的中华文明之水长流不断，为实现中华民族的伟大复兴，中华文明腾飞于世界而努力奋斗。

浅析帝国主义侵略西藏的步骤

一、传教士的到来

英国帝国主义入侵西藏时，从印度平原翻越喜马拉雅山而进行的。他们先是传教士的到来，然后是商人的入进，最后是军队的侵入。传教士最早是1624年，从尼泊尔的西面和阿里的南部进入，与印度教徒一同来朝拜神山岗仁布齐峰，他们是最早一批来到阿里的。第二批从不丹到日喀则，第三批从尼泊尔、不丹经后藏来到拉萨，到达拉萨后把凡帝岗的礼品、罗马教皇的礼品赠给了达赖喇嘛。

当时噶举派相当盛，格鲁巴刚刚起头，此时，一名叫德西德里的传教士来到拉萨并进入色拉寺学习，他是一名意大利籍人。能用流利的藏语与藏人辩论，并把宗喀巴大师的《菩提道论》翻译成了外文。还有另外两名从北京来到拉萨，据说，当时布达拉宫尚未修好，以后从后藏经尼、印坐船返回了欧洲，这对西方的影响极深。

他们的目的是想打入藏传佛教中心拉萨，但最主要的目的是经藏区打入中原内地，他们的努力方向是一致的，因为藏区是内陆的捷径。澳门也是明代时被葡萄牙占领的，所以，我们讲祖国内地史时别忘了西藏，而讲西藏的历史时也要把它放在祖国内地史事背景内。当祖国内地受到帝国主义的干扰时，西藏地区也受到外国势力的极大威胁。北面的沙皇俄国和西面的英国都是如此，是他们入侵整个中国的历史，而非西亚史的研究范围，他们把西藏拉入西亚史当中去，这是不对的，因为历史事实非常清楚地告诉我们，当祖国内地出了什么事，西藏地方也准出事或有问题，这都是传教士从祖国的东、西两个方面到来有密切关系。

二、商人的入进

1600年建立的东印度公司是商军结合的公司。直到1853年为止，孟买、玛德拉斯和孟加拉等作为根据地，最早为英国人W. Hastings。这个人是东印度公司的要人，七十年代到孟买独办公司，他却有意识地向北扩张。

英国的目标对准所有的印度及中国，当时中国较为强大，1773年左右不丹与印度的一个小帮发生争执，互相打了起来，不丹占领了这个小帮，这个小帮向英国人求援，可是英国反而以较强的势力占据了不丹的部分地区，对此，喜马拉雅山的国家们引起注重。在西藏，此时的达赖喇嘛年龄尚小，于是，第六世班禅写信给英之东印度公司，这是用波斯文写成的。主要是要求英国把占领的不丹王国之地盘还给他们。

此事G. Boglle的人和一位医官进藏时他们的日记里写得很清楚。要求和班禅订立条约，让西藏地方商人和孟加拉的商人相互来往，允许英国人也自由往来金子、麝香、牦牛尾巴等带到印度，从印度运往西藏的有尼绒、茶和壶等。当时，生意做的比较小，尼泊尔作中转站。但当时的目的是想进入内地的北京，他们想拉拢班禅，有意地班禅给他们订立协议，让他离心于达赖。尤其是想与祖国内地造成分离，想把达赖和班禅的关系恶化。

第六世班禅接待他的目的是想让他归还其占领的不丹之地。第六世班禅意思是自己是名僧，不管政治事物，西藏的权利在于中国皇帝之手，自己没有权利谈论西藏政权之大事。

在政事方面应该问前藏。然而却同意通商，他与班禅一起在扎什伦布寺待了六个多月，在班禅系统里第六世班禅是很有才华和胆略的大人物。他调和英国和不丹，致使不丹的土地归自己所有，这是第六世班禅的功劳。东印度公司非常看重这位班禅大师，并很附言他，我们从勃格尔的调查中可以看出，W. Hastings 要办的事情并没有办成。回去时，班禅给了他很多钱，并要求在加尔格达附近立个寺庙，英国人也确实这么做了。

以后，应乾隆皇帝之邀，为庆祝他的六十大寿来到北京。第六世班禅跟勃格尔写信给 W. Hastings，说明了西藏归属于朝庭。当时，英国人想和班禅一起来北京。班禅来北京时，皇帝便极其隆重地接待了他，不亚于当年的第五辈达赖喇嘛。此时，班禅在北京给达赖系统办了一件很好的事，亦即把第六世达赖正式确定了下来，这是第六世班禅大师的另一大贡献。藏人们本来对第六世达赖确信无疑，但始终没有被皇帝承认下来，可是此次由于班禅六世的进京把它正式定了下来。勃格尔最怕北京的皇帝，这成为他的拦路石，勃格尔来藏的汉文材料几乎看不到，或许这可能是当时，班禅是宗教领袖，有人来到他那里却认为是宗教的事，与政治无关，这正式当时驻藏大臣的看法，要是告诉的话对驻藏大臣也是不利的。

总之，英国人入藏区是 W. Hastings 派来的勃格尔，当 W. Hastings 作总管时，派 Tunner(1783 年)进藏，庆祝七世班禅坐床，并在扎什伦布寺住了一年。当时，班禅把他作为施主接待。正式的接待者是仲巴呼图克图，也像第六世班禅那样接待了他，即使他在后藏住的时间比较长却在谈判等方面却一无所获。一年来由于英国人和扎什伦布寺班禅系统的关系没有中断，他回去的结论是你要想入北京，得首先进入拉萨。虽然他来过两次，然而得到了很多东西，但是，始终没有能去拉萨。

1904年英国人打入西藏时，他们对拉萨的情况很不了解。可是Tunner画的一条线路图，对他们的帮助非常大，所以，英国人认为他是极其高明的人，但他却始终未能进入拉萨，这是当时，藏人反抗的非常厉害的标志。可这时，清朝自己也相当强大和繁盛。尤其，打败廓尔喀以后，统治西藏达到了高峰。东印度公司是进取性较强的，而我们无论是祖国内地或是西藏都是封闭型的，都有闭关自守的特点，自给自足地守家、守城，不知外边世界，不知海阔天广，不象英国的商品经济，以及他们对原料的要求。于是，不得不到处入侵，而中原和西藏根本不是这样，我们不要到外地去，可我们想只要守好自己的门便可以，甚至，清庭认为你们是商人，你们根本就没有权利或资格和我皇帝谈话，其意识形态就是这样，当门都闭不住时，不得不让他们进入了，这是商人入进进一步了解内情的结果。

三、军队的侵入

到了十九世纪时，中国和英国两大政治势力碰头了，喜马拉雅山脉有2500公里长，这里从未有过国界问题，即中、印间的边界问题。英国的东印度公司占领印区后，便想越过喜马拉雅山，他们先步入了喜马拉雅山的领国尼泊尔等。英印东印度公司到扎什伦布寺的人想把尼藏关系破裂化，英印军队打入尼境内时，当政的廓尔喀人根本支持不住。于是，求援于驻藏大臣，而当时清朝已经走下坡路，嘉庆皇帝的思想是“蛮触相争，天朝从不过问”对自己的边界根本不理不采，故此，由于当时驻藏大臣根本没有理，对自己的边界造成了很大的麻烦，因为，第六世班禅时调停不丹的益处，从这时起清庭越内向化了，廓尔喀人在不得已的情况下，与英印立下了条约，并割让一块地盘于英印，这样，廓尔喀把拿回来的地归还给了锡金了。

其带来的后果有以下五个方面，亦即(一)、有谁来打尼泊尔英印可作调节者，让尼成为自己的保护国，等于站了中国的地位。(二)、一千多年来和我们友好关系化为我们的敌人。(三)、锡金也转入他们那儿，也就是远离于中国内地，英印的人利用勇敢善战的廓尔喀，用来镇压印度的势力。(四)、印度和中国西藏的商业道路变成经锡金那边的亚东商道。(五)、这次的战争埋下了以后的隆土山战役的根。

这场战争是由于“日那”这块土地而引起的，这是关于土地权的占有问题。日那宗，西藏人认为是自己的，而英印人却认为是归属于锡金的，这样就成为隆土山战役的导火线。锡金很小，相当于我们的一个县，自己没有军队，只有少部分警察。噶伦堡和达杰林是相连接的，英国人极为看重亚东这块地盘，还有部分门玉之地，它的一块地盘一直伸到印度平原。于是，英印十分看重这块宝地，并且，他们自己的政治、经济中心都设于临近的孟加拉，本来噶伦堡是属于锡金的，但是达杰林和噶伦堡是英印却作为了自己避暑胜地，甚至达杰林以后成了他们的夏都。

总之，19 世纪下半叶，英帝国主义先后将尼泊尔、锡金、克什米尔、不丹等纳入其殖民势力范围，并在达杰林设立军事基地，准备武装入侵中国西藏。在这紧急时刻，西藏地方政府派兵 300 余名在隆土山设卡守卫，英国人却无理要求限期撤卡,并于1888年3月20日出兵上百人,向隆土山发起进攻。藏军以火铳、弓矢等简陋武器奋起抵御。24日,英军攻占隆土山,进而又占纳堂。西藏地方政府赶紧调民兵和藏军上万名,聚集亚东,准备反攻。可是,受到清政府的阻挠,不许藏军出击。9月24日,英军千余人攻占聂那,继占泽赖拉山口、亚东河谷等地。西藏军民第一次抗英战争失败。1890年,中英签约,划泽赖拉一带山顶为藏锡边界,使中国失去了大片领土。

20世纪初,英国决定再次侵藏。1903年6月,英少校荣赫鹏率兵上百人,以谈判为名进入西藏的岗巴。西藏地方政府派兵700人赶赴岗巴设防。12月中旬,英军上千余人,在司令麦克唐纳指挥下,越过泽赖拉山口,占领春丕谷、夏斯玛和帕里等。藏军3000人赶至曲弥显觉、古容一带设防。1904年3月,英军主力由顿拉北进,行至曲弥显觉藏军阵地附近时,一面佯装"谈判",一面暗中调兵抢占山头,并突然发起攻击。藏军依托拦阻墙与敌搏斗,前线指挥莱丁色等官兵上百名人不幸壮烈牺牲。

4月13日,英军占领江孜,为减轻运输压力,留500人扎营于年楚河畔,大部返回春丕。西藏地方政府动员民军万人集于江孜附近。5月4日,日喀则民军得悉江孜英军大部东犯卡罗拉,立即以1500人直插江孜,控制市区,并对英军营地发起围攻。6月26日,英援军4000人抵达江孜,与民军展开逐村逐屋争夺战。7月6日,英军攻占民军坚守的宗政府,江孜重沦敌手。8月3日,英军进入拉萨。

9月6日,西藏地方政府被迫与英签订《拉萨条约》,使西藏实际上成了英国的殖民地。后迫于中国人民的反对和世界舆论的压力,1906 年 4 月,中英重新签约,英国承认西藏是中国不可分割的一部分,使其变西藏为其殖民地的阴谋未能得逞。但是军队的入侵给西藏人们带来了灾难,其历史教训是十分深刻的,西藏人民保家卫国,坚决抵抗侵略军的伟大事迹彪炳史册。

图书在版编目(CIP)数据

西藏宗教实践与理论探索 / 次仁加布著. －－ 拉萨 : 西藏藏文古籍出版社,2011.7

ISBN 978－7－80589－129－3

Ⅰ. ①西… Ⅱ. ①次… Ⅲ. ①宗教工作－中国－文集 Ⅳ. ①D635－53

中国版本图书馆 CIP 数据核字(2011)第 097888 号

西藏宗教实践与理论探索

XI ZANG ZONG JIAO SHI JIAN YU LI HUN TAN SUO

作　　者: 次仁加布
责任编辑: 龙康·平措多吉
校　　对: 龙康·平措多吉
电脑排版: 拉珍
出版发行: 西藏藏文古籍出版社
印　　刷: 西藏山水印务技术有限公司
开　　本: 880×1230　1/32
印　　张: 5.5
字　　数: 140 千
版　　次: 2011 年 9 月第 1 版
印　　次: 2011 年 9 月第 1 次印刷
印　　数: 01－1,000
书　　号: ISBN 978－7－80589－129－3
定　　价: 13.00 元